경합들

AGONISTICS
Thinking the World Politically

by Chantal Mouffe

First published in English by Verso 2013

This Korean edition was published by arrangement with Verso
6 Meard Street, London W1F 0EG, United Kingdom

경합들

갈등과 적대의 세계를 정치적으로 사유하기

샹탈 무페 지음 | 서정연 옮김

난장 nanjang

일러두기

1. 이 책은 다음의 책을 완역한 것이다. Chantal Mouffe, *Agonistics: Thinking the World Politically*, London/New York: Verso, 2013.

2. 본문에서 외국 문헌의 내용이 인용될 경우, 해당 문헌의 한국어판이 있으면 그 번역을 따랐으나 필요할 경우에는 부분적으로 수정했다. 단, 기존 번역도 참조하라는 뜻에서 각주에 한국어판의 서지사항과 쪽수를 병기했다.

3. 본문에 있는 '[ ]' 안의 내용은 별다른 언급이 없는 한 옮긴이가 읽는이들의 이해를 돕기 위해 원문에 없던 내용이나 표현을 덧붙인 것이다.

4. 본문에서 지은이가 강조한 부분은 **견출명조체**로 표기했다.

5. 각주에는 '지은이 주'와 '옮긴이 주'가 있다. 지은이 주는 괄호 안에 숫자(1, 2, 3……)로 표시했고, 옮긴이 주는 별표(*, **, ***……)로 표시했다.

6. 단행본·전집·정기간행물·영상물·음반물에는 겹낫표(『 』)를, 논문·단편·미술 등에는 홑낫표(「 」)를, 그리고 전시물·공연물에는 홑화살괄호(〈 〉)를 사용했다.

'사상가들' 총서를 펴내며

사상가들의 만신전(萬神殿)이라 불림직한 것이 존재한다면, 그 대표적인 형태는 아마도 '총서'(叢書)일 것입니다. 한 시대나 한 세대의 정신에 지대한 영향력을 끼쳤다고 이미 널리 인정받은 사유의 거장들을 소개하고 있든, 아직 만개하지는 않았지만 우리의 정신에 새로운 지적 자양분이 될 사유를 선보이는 낯선 인물들을 소개하고 있든, 무릇 여러 사상가들의 합종연횡이 빚어내는 사유의 성좌인 총서는 바로 그 성좌에 한 자리를 마련해줌으로써, 그런 대접을 받을 만하다고 판단된 사상가들을 기리거나 키우거나 기념합니다.

실로 수많은 출판사들이 각자만의 총서를 만들어왔고, 그만큼 많은 사유의 성좌가 그려져왔습니다. 그런데 그 안에서 여성들을 보기란 생각보다 쉽지 않습니다. 물론 사상가들의 만신전, 사유의 성좌가 아무리 많더라도 모든 사상가가 그 안에 자리를 잡고 빛을 발할 수 없는 것은 당연할지 모릅니다. 그렇지만 그 안의 성별 비율이 지극히 편향적인 것도 당연하다고만 볼 수 있을까요? 도서출판 난장의 '사상가들' 총서는 바로 이런 의문 아래에서 기획됐습니다.

사실 학계에서의 성별 편향은 익히 제기되어온 문제입니다. 이 문제를 다룬 많은 연구들에 따르면, 흔히 남성들의 전유물로 간주되어온 STEM(과학, 기술, 공학, 수학) 분야뿐만 아니라 사회과학이나 인문학 분야에서조차 성별 편향은 극심합니다. 그리고 이런 성별 편향이 출판 분야에까지 자연스럽게 이어진다는 것입니다. 이런 연구 결과를 놓고, 학계나 출판계에서의 성별 편향을 당연한 것으로 보는 사람들은 해당 분야에서 요구되는 재능이나 노력이 여성들에게는 없다고 주장합니다. 반대로 이런 주장을 비판하는 사람들은 성별 차이에 대한 사회적·문화적 통념, 그에 따른 편견과 차별을 문제의 원인으로 지적합니다. 과연 어느 쪽의 주장이 사실에 더 부합할까요?

우리는 섣불리 우리의 입장을 내세우지 않으려 합니다. 그보다는, 원인이 무엇이든 간에, **사상가로서의 여성들이 충분히 소개되지 않았다는 사실 자체**에 주목하려고 합니다. 즉, '사상가들' 총서의 목표는 **주목할 만한 사유의 성과를 보여주지만 여전히 국내 독자들에게 잘 알려지지 않은 여성들을 가능한 한 많이 소개**하는 것입니다. 앞서 말한 것 같은 문제일수록, 판단할 수 있을 만큼 그 판단의 대상이 충분히 주어지고 나서야 우리는 올바른 판단을 할 수 있지 않을까요?

물론 2015년을 전후로 한 '페미니즘 리부트' 열풍 덕분에 사상가로서의 여성들이 예전보다는 많이 소개되어왔고, 앞으로도 더 소개될 듯합니다. 그러나 주로 페미니즘이라는 범주로 묶이는 분야에서 활약하는 여성들만이 소개되어온 것도 사실입니다. 당연하지만 여성들이 자신의 성과 관련해 하는 말만 중요한 것은 아닙니다. 실제로 여성들은 정치, 경제, 사회, 과학, 기술, 철학 등 다른 수많은 분야에서도 이미 경청할 만한 말을 해왔고, 꼭 페미니즘의 관점에서만 그렇게 해온 것도 아닙니다. 바로 이런 점에서 우리는 여전히 사상가로서의 여성들이 실제로 존재하는 것보다 덜 소개됐다고 생각합니다.

사상가들 중에서도 여성만을 소개하는 이 총서의 이름이 '여성 사상가들'이 아니라 '사상가들'인 것도 이와 관련 있습니다. '여성 사상가'라는 세간의 호칭에서는 "여성'인데도' 사상가네"라는 뉘앙스가 풍깁니다. 사유한다는 것은 특정한 성의 전유물이 아닌데도 말입니다. 마치 '페미니즘 사상가'라는 세간의 호칭에서 "여성들의 발언이 허락되고 인정받는 분야는 페미니즘밖에 없다"라는 뉘앙스가 풍기듯이 말이지요. 그러나 남성들뿐만 아니라 여성들도 사유에 필요한 재능이나 노력이 자신에게 있음을 따로 증명할 필요가 없습니다. 사유하는 자들이 증명해야 할 것은 자신의 사유의 힘 자체입니다. 그 사유의 힘이 사유하는 자들에 대해 모든 것을 말해주며 그들을 사상가로 만들어줍니다. 그래서 우리는 그런 사유의 힘을 보여준 여성들을 소개하는 이 총서의 이름을 그냥 '사상가들'로 정했습니다.

도서출판 난장의 '사상가들' 총서가 그려낼 사유의 성좌는 촘촘하기보다는 느슨합니다. 특정한 주제, 특정한 사조, 특정한 유파를 기준으로 사상가들을 소개하는 것이 아니기 때문입니다. 그래서 '성좌'라기보다는 저마다의 밝기를 지닌 별들을 모아두기만 한 '아카이브'에 가까울지도 모르겠습니다. 우리로서는 이 총서가 진정한 의미에서의 성좌처럼 사상가들을 긴밀히 엮어줘 저마다 밝게 빛날 수 있게 해주기를, 그래서 자신이 응당 받아야 할 관심을 사상가들이 온전히 누리는 만신전이 되기를 바라지만, 또 하나의 아카이브인 것으로 그치더라도 만족하려고 합니다. 우리의 소박한 시도가 누군가의 더 멋진 시도로 이어질 것을 믿어 의심치 않기 때문입니다.

Agonistics

Thinking the World Politically

대립은 진정한 우정이다.
윌리엄 블레이크*

적은 형상으로서의 우리 자신의 문제이다.
테오도르 도이블러**

* William Blake, *The Marriage of Heaven and Hell*, London: [s.n.,] 1794, pl.20. [서강목 옮김, 「천국과 지옥의 결혼」, 『블레이크 시선』, 지만지, 2012, 126쪽.] 총 27개의 채색도판으로 구성된 이 작품은 오늘날 단 9부의 완전판만이 남아 있다. 각 도판은 글 부분과 그림 부분으로 이뤄져 있는데, 이 인용구("opposition is true friendship")는 바다 괴물(리바이어던)이 묘사된 20번째 도판의 그림 부분에 마치 도안처럼 새겨져 있다. 하지만 현존하는 완전판들 중 6부에서 이 구절은, 정확한 이유는 알 수 없지만 작가 본인에 의해 짙게 채색되어져 읽기가 어렵다(이 구절이 가장 뚜렷이 찍혀 있는 판본은 케임브리지대학교의 피츠윌리엄 박물관이 소장하고 있는 '판본 H'[copy H]이다). 이런 연유로 이 구절을 작품의 일부로 보지 않는 연구자들도 있다. 가령 아일랜드의 시인 W. B. 예이츠는 1905년 블레이크 시선집을 편집하면서 이 구절을 아예 삭제했다.

** Theodor Däubler, *Hymne an Italien*, München: Georg Müller, 1916, p.58. 이 인용구("Der Feind ist unsere eigene Frage als Gestalt")는 이렇게도 해석될 수 있다. "적은 형상의 문제로서, 이는 우리의 고유한 문제이다." 테오도르 도이블러(1876~1934)는 독일의 표현주의 시인으로, 샹탈 무페가 '적'의 개념을 정치적으로 사유하는 데 영향을 준 칼 슈미트와도 관련이 있다. 『정치적 낭만주의』(1919) 같은 정치철학적 문예비평론을 쓴 바 있는 슈미트는 도이블러의 시집 『북극광』(1910)에 관한 자세한 논평을 남겼다. Carl Schmitt, *Theodor Däublers 'Nordlicht': Drei Studieren über die Elemente, den Geist und die Aktualität des Werkes*, München: Georg Müller, 1916.

차 례

머리말

이 책에 개진된 생각은 최근 몇 년간 내가 다양한 장소에서 논의해 온 것이며, 그 중 일부는 다른 형태로이긴 하지만 이미 발표되기도 했다. 이런 개입의 목적이 나의 경합적 접근법을 다양한 맥락에서 제시하고 새로운 분야에서 그 타당성을 알아보는 데 있었기 때문에, 나는 늘 경합의 기본 원리를 소개하는 것으로 시작해야만 했고, 그러다 보니 똑같은 내용을 상당히 많이 반복할 수밖에 없었다. 이번 출판을 위해 기존 논문들을 편집하면서, 나는 가능한 한 이런 반복을 없애려고 노력했다. 논지를 명확히 하기 위해 필요하다고 생각되는 경우만 빼고 말이다. 결과적으로, 비록 대부분의 장이 내가 했던 공개 강연이나 회의에서의 발표 내용과 이런저런 식으로 관련되어 있지만, 그 어떤 장도 원래의 발표 형태대로 그 내용을 답습하고 있진 않다. 특히 마지막 장은 이번 책의 출판을 위해 별도로 작성됐다.

나의 접근법에 익숙하지 않은 독자들을 위해, 나는 몇 년 전에 가졌던 대담 한 편을 책의 말미에 수록했다. 이 대담은 이 책에서 논의된 문제들이 내 작업의 더 넓은 맥락 안에 자리매김하는 데 도움을 줄 것이다. 주어캄프 출판사는 2007년 출간된 논문 모음집 『그리고 지금?』*을 위해 진행된 이 대담을 여기에 재수록할 수 있도록 친절하게 허락해줬다. 지난 수년간 내가 다뤄온 몇몇 주제를 간략하게나마 소개함으로써, 모쪼록 이 대담이 나의 현재 입장을 더 잘 이해하는 데 도움이 되기를 바란다.

나는 헛 베스흐레이프와 파사 포르타에 고마움을 전하고 싶다.** 이 두 곳은 2012년 5월 한 달간 브뤼셀에서 거주 작가로 지낼 수 있도록 나를 초청해줬다. 그 덕분에 나는 매우 쾌적한 환경에서 이 책의 최종 원고를 탈고할 수 있었으며, 내가 예술적 실천을 성찰하는 데 큰 자극이 되어준 쿤스텐예술축제***에 참여하는 뜻밖의 즐거움을 덤으로 누릴 수 있었다.

---

* Chantal Mouffe, "Und jetzt, Frau Mouffe?: Chantal Mouffe im Gespräch mit Elke Wagner," *Und jetzt?: Politik, Protest und Propaganda*, Hg. Heinrich Geiselberger, Frankfurt am Main: Suhrkamp, 2007, pp.105~127.

** '헛 베스흐레이프'(Het beschrijf)는 1998년 벨기에 브뤼셀에서 설립된 비영리 문학 단체이며, '파사 포르타'(Passa Porta)는 헛 베스흐레이프가 2004년 출범시킨 '국제 문학의 집'이다. 이 단체들은 매년 전 세계 작가들을 대상으로 한 4~8주간의 레지던시 프로그램을 운영하는데, 이 프로그램을 통해 참여 작가들에게 소정의 지원금, 안락한 창작 환경, 지역 문화계와의 교류 기회(워크숍, 공동 작업) 등을 제공한다.

*** Kunstenfestivaldesarts. 전위적이며 실험적인 현대 창작물(연극, 춤, 퍼포먼스, 영화, 비주얼아트 등)을 소개하는 국제 예술 축제. 1994년부터 시작된 이 축제는 매년 5월 3주 동안 브뤼셀 전역의 20여 개 문화센터 등지에서 진행된다.

서 론

나는 이전 연구에서 좌파적 기획에 중요하다고 여기는 일련의 쟁점들을 다루며 [민주주의에 대한] 경합적 접근법을 정교화한 바 있다. 이 책에 묶인 글들은 그 경합적 접근법의 타당성을 검토한다. 각각의 장이 각기 다른 문제를 다루고 있지만, 어떤 경우에서든 정치적 방식으로 그 문제에 접근하는 것이 나의 목표이다. 『헤게모니와 사회주의 전략』에서 에르네스토 라클라우와 내가 논의한 바처럼, 정치적으로 사유하려면 근본적 부정성의 존재론적 차원을 인식하는 것이 필요하다.[1] 우리가 완전한 객관성에 결코 도달할 수 없으며 적대가 항상 현존하는 가능성인 이유는 바로 변증법적으로는 극복될 수 없는 부정성의 형태가 존재하기 때문이다.* 우발성은 사회로 스며들며, 어떤 질서든 헤게모니적 성격을 띤다. 즉, 모든 질서는 언제나 권력 관

1) Enersto Laclau and Chantal Mouffe, *Hegemony and Socialist Strategy: Towards Radical Democratic Politics* (1985), 2nd ed., London: Verso, 2001. [이승원 옮김, 『헤게모니와 사회주의 전략』, 후마니타스, 2012.]

* 무페가 '부정성'과 관련해 언급하는, '결코 도달할 수 없는 완전한 객관성'과 '적대의 항상-현존하는 가능성'에 대해서는 다음의 논의를 참조하라. Laclau and Mouffe, *Hegemony and Socialist Strategy*, pp.122~127. [『헤게모니와 사회주의 전략』, 222~230쪽.]

계의 표현이다. 정치 영역에 있어서 이는 배제 없는 합의의 추구, 완벽하게 화해된 조화로운 사회에 대한 희망을 버려야 한다는 것을 의미한다. 결과적으로, 어떤 형태의 '공산주의'를 실현한다는 식으로는, 해방의 이상이 정식화될 수 없다.*

여기서 제시되는 고찰은 내가 『정치적인 것의 귀환』에서 '경합적 다원주의'라 부른 민주주의 모델을 정교화하기 시작한 이후로 개진해온 [자유주의적 정치관 내의] 합리주의·보편주의 비판과 관련되어 있다.[2] 그 책에서 나는 근본적 부정성의 차원을 정치적 영역에 각인시키기 위해 '정치적인 것'과 '정치'의 구별을 제시한 바 있다. '정치적인 것'은 적대의 존재론적 차원을 가리키며, '정치'는 인간의 공존을 조직하려는 목표를 지닌 실천들과 제도들의 총체ensemble를 의미한다. 하지만 ['정치'의] 이 실천들은 언제나 '정치적인 것'이 제공하는 갈등성conflictuality의 지형 안에서 작동한다.

이후 나는 『민주주의의 역설』에서 '경합적 다원주의'의 핵심 테제를 정교화했다. 거기서 나는 민주주의 정치의 중심 과제가 '경합적' 형태를 취하는 갈등을 허용하는 제도를 제공하는 것으로, 이 제도 안에서 대립 진영들은 [서로의] 적이 아니라 서로 간에 갈등적 합의가 존재하는 대결자임을 논의한 바 있다.[3] 이 경합적 모델에서 내가 보

---

* 정치적 측면에서 공산주의의 비정치성, 즉 '탈계급화된 조화로운 사회'를 비판하는 무페의 논지는 이 책의 4장에서 더 자세하게 설명된다.

2) Chantal Mouffe, *The Return of the Political*, London: Verso, 1993. [이보경 옮김, 『정치적인 것의 귀환』, 후마니타스, 2007.]

3) Chantal Mouffe, *The Democratic Paradox*, London: Verso, 2000. [이행 옮김, 『민주주의의 역설』, 인간사랑, 2006.]

여주고자 한 것은, 적대의 근절 불가능성을 단언하면서 출발하더라도 민주주의 질서를 구상할 수 있다는 점이었다.

그렇지만 이런 테제를 인정하는 정치 이론들이 대체로 [정치적] 내전을 막기 위한 유일한 방법으로서 권위주의적 질서를 옹호하는 것으로 귀결되고 있는 게 사실이다. 민주주의에 헌신하는 정치 이론가들 대부분이 정치적 갈등에 대한 합리적 해법의 유용성을 강력히 주장해야 한다고 스스로 믿는 이유는 바로 이 때문이다. 하지만 나의 주장은 권위주의적 해법이 그런 존재론적 공리의 불가피한 논리적 귀결은 아니며, '적대'와 '경합'을 구별함으로써 근본적 부정성을 부인하지 않는 민주주의의 형태를 가시화할 수 있다는 것이다.

최근 몇 년간, 전 세계적으로 전개되는 정치적 양상을 고찰하면서, 나는 나의 [경합적] 접근법이 국제 관계에서 가질 수 있는 함의에 대해 살펴보게 됐다. 모든 질서가 헤게모니적 질서라는 테제가 국제 무대에서 갖는 중요성은 무엇인가? 이 테제는 현재의 일극적 세계가 수반하는 일체의 부정적 결과뿐만 아니라, 그 세계 자체에 대해서도 대안이 없다는 것을 뜻하는가? 의심할 바 없이, 헤게모니와 주권을 넘어선 범세계주의**적 세계에 대한 환상을 버려야만 한다. 하지만

** '고대 그리스의 견유파 철학자인 디오니게스가 자신을 'kosmo-polites,' 즉 '세계의 시민'이라 말한 것에서 유래한 'cosmopolitanism'은 '자신의 근원지/출생처로부터의 이탈'과 '더 크고 강력한 집단의 구성원'임을 주장하는 것이다. 이런 'cosmopolitanism'은 일반적으로 보편적인 '전지구적 인류 공동체'를 강조하는 칸트적 맥락에서 '사해동포주의,' '세계시민주의' 등으로 번역되거나 '코스모폴리타니즘'이라고 원어 그대로 표기되어왔다. 그러나 이 책에서는 두 가지 문제를 고려해 '범세계주의'라는 용어로 옮겼다. 우선 '범세계주의'는 정치적 헤게모니와 주권을 초월하는 국제 정치 질서를 지칭하는 데 더 적합하다. 즉, 무페가 비판하는, 현실의 헤게모니적 질서와 그 정치적인 것의 적대적 차원

이것만이 유일하게 유용한 해법은 아니다. 우리는 또 다른 해법, 즉 헤게모니의 다원화를 생각해볼 수 있기 때문이다. 내가 보기에, 지역적 축들 간에 좀 더 대등한 관계가 수립된다면,*** 다극적 접근법은 비록 갈등이 사라지진 않겠지만 적대적 형태를 취할 가능성은 덜한 경합적 질서를 향한 일보가 될 수 있을 것이다.

또 다른 측면에서 나의 고찰은 [기존 질서와는] 상이한 사회적·정치적 질서의 수립이 목표인 급진적 기획과 관련해 헤게모니적 접근법이 갖는 중요성에 주목한다. 어떻게 그런 새로운 질서를 가져올 수 있는가? 어떤 전략을 따라야 하는가?

전통적인 혁명적 접근법은 거의 저버려졌다, 그렇지만 '엑서더스'[탈출]라는 이름 아래, 다른 방식으로이지만, 혁명적 접근법의 많은 결함을 재생산하는 또 다른 접근법이 점점 더 그 자리를 대신하고 있다. 이 책에서 나는, 경합적 헤게모니 투쟁을 통한 국가의 변환을 목표로 삼기보다는 정치 제도들을 방치하는 전략을 주창하는 사람들이 대의 민주주의를 전면적으로 거부하는 것에 문제를 제기한다. 국

을 부정하며 세계를 하나의 균일한 일극적 질서로 인식하는 칸트적 세계관과 그에 의존하는 민주주의 모델의 맹점을 분명하게 드러낼 수 있다. 또 다른 측면에서 이 용어는 기존의 칸트적 전통의 '전지구적 인류 공통체'라는 통념을 거부하고 오늘날 광범위하게 확산되고 있는 '세계화' 또는 '신자유주의'라는 현상을 설명하기 위해 이 기획의 재정식화를 시도하는 최근의 이론적 조류의 내용과 주장을 좀 더 포괄적으로 아우를 수 있다. 이런 '범세계주의'에 대한 무페의 비판적 논의로는 이 책의 2장과 『정치적인 것에 대하여』의 5장을 참조하라. Chantal Mouffe, "Which World Order: Cosmopolitan or Multipolar?," *On the Political*, London: Routledge, 2005.

*** 다원적인 헤게모니적 국제 질서의 맥락에서 언급되는 '지역 축들'의 자세한 의미에 대해서는 이 책의 2장(54, 61쪽)을 참조하라.

가나 정치 제도가 필요 없이 다중이 스스로를 조직화할 수 있으리라는 '절대 민주주의'의 유효성에 대한 그들의 믿음은, 내가 지적한 '정치적인 것'에 대한 이해가 그들에게 결여되어 있음을 의미한다.

확실히 그들은 '다중'의 다층성을 긍정하는 반면, '인민'이 '프롤레타리아트'라는 범주 아래에서 진보적으로 동질화된다는 테제에 의문을 제기한다. 그러나 근본적 부정성을 인정한다는 것은 인민이 다양하다는 사실뿐만 아니라 인민이 분할되어 있다는 사실까지 인식한다는 것을 함축한다. 이런 분할은 극복될 수 없다. 다만 상이한 방식으로, 다른 것들보다 좀 더 평등주의적으로 제도화될 수 있을 뿐이다. 이런 접근법에 따르면, 급진 정치는 다층적인 제도적 지형들에서의 다양한 움직임 속에 존재하며, 그럼으로써 상이한 헤게모니를 구축한다. 이는 바로 헤게모니를 넘어선 사회의 창출이 아니라, 민주주의를 급진화하는 과정의 창출을 그 목적으로 하는 진지전이다. 다시 말해, 더 민주주의적이고 더 평등주의적인 제도를 구축하는 것이 이 진지전의 목적인 것이다.

최근 몇 년 사이에 주로 예술학교, 미술관, 비엔날레 등에 자주 초청받아 발표하게 된 덕분에 특별히 관심을 갖게 된 또 다른 주제가 있다. 경합적 개념화는 예술가들이 공적 공간에 대한 자신들의 개입의 성격을 이론화하는 데 도움을 줄 수 있는가? 헤게모니 투쟁에서 예술적·문화적 실천은 무슨 역할을 할 수 있는가? 포스트포드주의적 자본주의의 현 단계에서 문화적 지형은 전략적 위치를 차지한다. 정동의 생산이 점점 더 중요한 역할을 하기 때문이다. 자본주의적 가치증식 과정에 필수불가결한 이 문화적 지형은 대항헤게모니적 실천을 위한 개입의 결정적인 장소가 되어야 한다.

이처럼 상이한 주제를 다루기 위해, 이 책은 다음과 같이 구성된다. 1장에서는 내가 일련의 저서를 통해 수년에 걸쳐 정교화해온 경합적 접근법의 주요 내용을 다시 한 번 검토한다. 또한 최근에 활용되고 있는 여타의 경합 이론들과 나의 관점을 구별한다. 나는 정치적 영역을 특징짓는 적대의 차원을 강조하는데, 특별히 윤리적 관점과 정치적 관점의 차이에 역점을 두며, 경합 이론가라면 '적대 없는 경합'의 유용성을 상정하기보다는 적대와 경합 사이의 연관을 인정할 필요가 있다는 점에 역점을 둔다.

이렇게 나의 이론적 문제틀을 명확히 한 다음, 이어지는 장에서 다음과 같은 주제를, 즉 국제 관계에 대한 경합적 접근법, 유럽연합의 통합 양식들, 급진 정치의 상이한 전망들, 그리고 마지막으로 문화적·예술적 실천이 정치와 관련되어 있기에, 이 실천을 다룬다. 2장에서는 다극적 세계라는 이념이 제기하는 몇 가지 쟁점들을 논의한다. 『정치적인 것에 대하여』에서 나는 몇몇 범세계주의적 기획들을 비판하며 다극적 세계[관]을 지지한 바 있는데, 이미 거기서 소개된 바 있는 주제들을 발전시키면서 이번에는 세계를 다원체*로 본다는 것의 함의를 살펴본다. 나는 민주화에는 서구화가 필요하다는 관점을 문제 삼으며, 민주주의의 이상은 다양한 맥락에서 상이하게 각인될 수 있다는 테제를 지지한다.

---

* '다원체'(pluri-verse)는 '보편적 단일체'(universe)와 쌍을 이루는 용어로, 이 둘은 각각 독일어 'Pluriversum'과 'Universum'에 해당된다. 무페는 칼 슈미트로부터 이 용어를 가져왔는데, "세계를 보편적 단일체가 아닌 다원체로 파악한다"는 슈미트의 명제에 대한 무페의 직접적 언급은 이 책의 부록으로 실린 대담(218쪽, 그리고 같은 쪽의 해당 각주)을 참조하라.

내가 사회·정치 이론가들이 '근대적'이라는 용어를 사용해 서구적 제도들을 특화하는 방식을 비판하는 것에, 아마 일부 독자들은 당황할 것이다. 내 자신이 서구적 모델을 가리키려고 '근대 민주주의'를 누차 거론해오지 않았던가? 사실, 최근의 글에서는 더 이상 그렇게 하지 않고 있다. 요컨대 지금 나는 '근대 민주주의'라고 말하는 것을 삼가려고 한다. 그렇게 말하는 것이, 자유민주주의가 합리성이나 도덕성의 발전에 있어 더 선진적인 단계를 나타내는 것은 아니라는 나의 주장뿐만 아니라, 자유민주주의의 맥락주의적 성격**에 대한 나의 옹호와도 모순된다는 점을 깨닫게 된 것이다.

나는 지금이야말로 좌파 지식인들이 다원주의적 접근법을 수용하고, 서구 근대성의 합리적·도덕적 우월성을 상정하는 형태의 보편주의를 거부할 수 있는 절호의 기회라고 확신한다. [최근 일어난] 아랍의 봉기들로 인해 몇몇 중동 국가에서 민주주의의 수립 방법이 의제로 논의되고 있는 바로 이때, 이 문제는 가장 중요한 것으로 보인다. 그 나라들의 문화에서 이슬람교가 차지하는 중심적 위치를 모른 체하면서, 서구식 모델을 수용하라고 그들에게 강요하는 것은 사실상 치명적인 실수가 될 것이다.

3장의 주제는 유럽연합이다. 여기서는 유럽 통합의 가능한 형태들을 구상하는 데 경합적 접근법이 타당한지를 검토한다. 나는 민주

** 바로 앞 문단의 "민주주의의 이상은 다양한 맥락에서 상이하게 각인될 수 있다"는 특성을 의미한다. 무페에 따르면, '맥락주의'는 정치적 결정을 회피하는 '상대주의'와는 다른 것으로, 역사적·문화적 맥락과 상관없이 합리적 타당성과 본질적 진리를 전제하는 '보편주의'에 문제를 제기하면서 상이한 방식으로 자유민주주의의 성격을 규정한다. 다음을 참조하라. Mouffe, *The Democratic Paradox*, pp.62~67. [『민주주의의 역설』, 98~106쪽.]

주의를 실행하기 위한 상이한 공간들을 제공하는 다양한 **데모이**의 다층성으로 이뤄지는 '데모이-크라시'*의 양태로 유럽연합을 고안하는 것에 찬성하는 주장을 펼친다. 또한 나는 [통합이라는] 유럽 기획에 대한 불만이 커져가는 원인들을 자세히 살펴보면서, 작금의 위기의 원천인 신자유주의 정책에 대한 대안을 제공하는 새로운 전망을 정교화하는 일이 시급함을 강조한다.

4장은 급진 정치의 두 가지 모델을 대조하는 데 할애된다. 우선적으로 나는 '이탈' 전략에 반대한다. 이탈리아의 자율주의 운동에서 영감을 받은 이 전략은, 국가와 전통적 정치 제도들로부터의 엑서더스와 대의 민주주의에 대한 거부를 촉구하는 마이클 하트, 안토니오 네그리, 파올로 비르노 같은 포스트노동자주의 이론가들에 의해 이론화됐다. 이와 대조적으로 나는 '개입' 전략을 주창한다. 이 전략은 현존하는 제도들을 방치하는 것이 아니라 근본적으로 변환시키는 것을 목표로 삼는 다층적인 대항헤게모니 운동들을 포괄한다. 이처럼

---

* '데모이'(demoi)는 '데모스'(demos), 즉 '인민'의 복수형으로, 무페는 칼립소 니콜라이디스의 제안에 따라 '민주주의'(demo-cracy)를 '데모이-크라시'(demoi-cracy)로 재조합한다. 요컨대 무페가 문제 삼는 것은 '인민에 의한 지배/통치'로 정의되는 '민주주의,' 즉 '데모-크라시' 그 자체이다. 이때의 '인민'은 분할 불가능한 단수의 동질체로 지시되며, 이에 따라 '민주주의'는 마치 하나의 동질적이고 절대적인 내용과 관점을 지닌 보편적 체계나 사상처럼 이해될 수 있기 때문이다(이런 지적은 '민주주의'를 서구 근대성의 산물로 바라보는 관점에 대한 무페의 비판과도 맞닿아 있다). 하지만 무페가 생각하는 민주주의의 실행 주체는 그 자체로 비동질적이며 분열 가능한 상이한 다수(들)이고, 그 내용과 형태 역시 다층적이다. 그러므로 무페는 이 점을 강조하기 위해 민주주의에서의 '인민'을 복수형 '데모이'(인민들)로 다시 지칭하는 한편, 민주주의 역시 '데모이-크라시'(인민들의-통치)로 재규정한다. 여기서 우리는 이런 무페의 의도가 잘 드러날 수 있도록 'demoi'와 'demoi-cracy'를 원음 그대로 표기했다.

상반된 두 전략에 영향을 끼치고 있는 상충적인 이론적 틀들을 자세히 살펴보면서, 나는 엑서더스의 이론가들이 정치적인 것을 그릇되게 이해하고 있으며, 이 점이 바로 그들 자신이 옹호하는 일종의 급진 정치의 문제임을 제시한다. 이는 그들이 근절 불가능한 적대의 차원을 받아들이지 않는다는 사실을 관찰함으로써 알 수 있다.

5장에서 나는 문화적·예술적 실천 영역으로 관심을 돌린다. 여기서 나는 포스트포드주의적 자본주의가 문화·예술 영역에 끼친 영향을 둘러싸고 진행 중인 논의에 개입한다. 일부 사상가들에 따르면, 문화의 상품화로 인해 예술가들에게는 비판적 역할을 할 수 있는 여지가 더 이상 존재하지 않는다. 이런 비관적 진단에 동의하지 않는 여타의 사상가들은, 그런 가능성이 여전히 존재하긴 하지만 예술 세계의 밖에서나 그렇다고 주장한다.

내 자신의 견해는 다음과 같다. 즉, 문화적·예술적 실천은 신자유주의적 헤게모니에 맞서 대항헤게모니 투쟁을 개시할 수 있는 경합적 공적 공간들을 조성함으로써 비판적 역할을 수행할 수 있다는 것이다. 나는 현 질서에 대한 대안이 없다고 보는 탈정치적 관점에 도전하기 위해 예술적 개입이 필요함을 강조하면서, 안토니오 그람시의 입장을 수용해 문화적 영역이 상식[공통 감각/의미]**을 구축하는

** 그람시의 용법에서 '상식'(common sense)은 건전한 의미의 '양식'(good sense)과 구별되는 것으로, 특정 시기에 다수 인민 대중이 갖게 되는 가정·신념의 산만하고 모순된 방향을 함의한다. Chantal Mouffe (ed.), *Gramsci and Marxist Theory*, London: Routledge & Kegan Paul, 1979. [권유철 엮음, 『그람시의 마르크스주의와 헤게모니론』, 한울, 1984.] 무페 역시 이런 맥락에서 그람시가 말한 '상식'의 구축에서의 헤게모니 투쟁이 가지는 중요성을 강조하는데, 다만 비판

데 있어 핵심적인 위치를 차지해야 한다고 주장한다. 여기서 다시 한 번, 나의 관점은 3장에서 이미 논의된 포스트노동자주의 이론가들의 관점과 대립된다. 하지만 이번에는, 포드주의에서 포스트포드주의로의 이행과 그 이행에서 문화적 실천이 행하는 역할을 그들이 어떻게 해석했느냐에 초점을 둔다.

마지막으로 결론에서 나는 앞서 언급한 급진 정치의 두 가지 유형, 즉 포스트노동자주의와 경합적 접근법에 비추어, 최근에 일어난 저항 운동들을 검토한다. 내가 주장하는 바는, 이 운동들은 자유민주주의 안에 경합적 정치가 결여된 것에 대한 반작용으로 봐야 하며, 자유민주주의 제도들을 거부하는 것이 아니라 이에 대한 급진화를 요청하고 있다는 것이다.

이 책이 내가 일부 기성 좌파들의 입장에 의문을 제기할 수밖에 없다고 생각하는 영역들에 대해 이론적-정치적으로 다양하게 개입하고 있음을 강조하기 위해, 나는 이 책의 제목을 『경합들』로 정했다. 이 책의 목표는 작금의 신자유주의 질서에 도전하는 것이 목적인 사람들 사이에서 경합적 논쟁이 이뤄지도록 북돋는 것이다.

적인 예술적 개입을 통한 대안 문화의 창출과 형성을 주장하는 맥락(특히 이 책의 4장)에서는 '공통 감각/의미'로도 읽힐 수 있다.

1
경합적 정치란 무엇인가?
What Is Agonistic Politics?

최근 몇 년 사이 정치에 있어 경합적 접근법이 점점 더 영향력을 가지게 됐다. 하지만 이 접근법은 다양한 형태로 존재하면서 종종 모종의 혼란을 야기하곤 했다. 이 책의 의도는 경합에 대한 나의 개념화가 타당한지를, 몇몇 분야를 통해 검토해보는 데 있다. 그렇기 때문에 나의 경합적 접근법의 특정성이 무엇인지, 이 접근법이 여타의 경합 이론들과 어떻게 다른지를 분명히 할 필요가 있다. 우선 나는 에르네스토 라클라우와 함께 쓴 『헤게모니와 사회주의 전략』[1]에서 정교화된 바 있으며, 이에 따라 정치적인 것에 대한 나의 고찰에 영향을 준 이론적 틀의 기본 원리들을 되돌아보는 것에서 시작해 보려고 한다.

『헤게모니와 사회주의 전략』에서 우리는 정치적인 것의 성격을 파악하는 데 필수적인 두 개의 핵심 개념이 '적대'와 '헤게모니'임을 주장한 바 있다. 이 두 개념은 모두, 적대의 항상-현존하는 가능성 속에서 그 모습을 드러내는 근본적 부정성의 차원을 인정하는 것의 중요성을 짚어줬다. 우리가 제안했던 이 근본적 부정성의 차원은

1) Enersto Laclau and Chantal Mouffe, *Hegemony and Socialist Strategy: Towards Radical Democratic Politics* (1985), 2nd ed., London: Verso, 2001. [이승원 옮김, 『헤게모니와 사회주의 전략』, 후마니타스, 2012.]

사회가 완전히 총체화되는 것을 저지하며, 또한 사회가 분할과 권력을 넘어설 가능성을 배제한다. 결국 이 주장은, 최종 토대가 존재하지 않음을 받아들이고 모든 질서에 만연한 결정 불가능성을 수용하라고 요구한다. 우리의 용어로 말하면, 이것은 모든 종류의 사회 질서에는 '헤게모니적' 성격이 있음을 인식하고, 우발성의 맥락에서 질서를 수립하려는 목표를 지닌 일련의 실천이 낳은 산물로서 사회를 구상하는 것을 의미한다. 우리가 말하는 '헤게모니적 실천'은 절합의 실천인바, 이런 실천을 통해 일정한 질서가 창출되고 사회적 제도들의 의미가 고정된다. 이 접근법에 따르면, 모든 질서는 우발적 실천들의 일시적이고 불안정한 절합이다. 사태는 언제든 달라질 수 있는 것이며, 모든 질서는 [이런] 다른 가능성의 배제에 근거해 있다. 어떤 질서든 항상 권력 관계들의 특정한 배치의 표현이다. 일정한 순간에, 그에 수반되는 상식[공통 감각/의미]과 함께 '본래적' 질서라고 받아들여지는 것은 누적된 헤게모니적 실천의 결과이지, 그런 결과를 가져온 실천과는 하등의 상관없이 저 깊은 곳 어딘가에 존재하는 객관성의 발현물이 결코 아니다. 그러므로 모든 질서는 또 다른 형태의 헤게모니를 세우기 위해 그 질서를 탈구시키려는 대항헤게모니적 실천의 도전을 받기 쉽다.

『정치적인 것의 귀환』, 『민주주의의 역설』, 『정치적인 것에 대하여』[2)]에서 나는 모든 인간 사회에 내재된 적대적 차원으로 이해된 바

---

2) Chantal Mouffe, *The Return of the Political*, London: Verso, 1993. [이보경 옮김, 『정치적인 것의 귀환』, 후마니타스, 2007]; *The Democratic Paradox*, London: Verso, 2000. [이행 옮김, 『민주주의의 역설』, 인간사랑, 2006]; *On the Political*, London: Routledge, 2005.

있는, '정치적인 것'에 대한 이런 고찰을 개진해왔으며, 그런 취지에서 '정치적인 것'과 '정치'의 구별을 제안해왔다. '정치적인 것'은 여러 형태를 취할 수 있으며 다양한 사회적 관계 속에서 출현할 수 있는 이런 적대의 차원을 지칭하는데, 이 차원은 결코 근절될 수 없다. 반면에 '정치'는 '정치적인 것'의 차원이 영향을 끼치기 때문에 잠재적으로 갈등이 항상 존재하는 조건 속에서, 특정 질서를 수립해 인간의 공존을 조직하려는 실천, 담론, 제도의 총체를 지칭한다.

내가 [이전] 저작들에서 반복적으로 강조해왔듯이, 정치적 문제는 전문가들이 해결해야 되는 단순한 기술적 쟁점이 아니다. 본래의 정치적 문제는 서로 갈등하는 대안들 사이에서 선택을 해야 하는 결정과 항상 결부되어 있다. 이것은 합리주의적·개인주의적 접근을 특징으로 하는 자유주의 사상 내의 지배적 경향을 통해서는 파악될 수 없는 것이다. 바로 그렇기 때문에 자유주의는 사회 세계의 다원적인 성격과 더불어, 그 다원주의에 수반되는 갈등을 충분히 구상하기 어렵다. 그런 갈등은 합리적 해결책이 결코 존재할 수 없는 갈등인 고로, 인간 사회를 특징짓는 적대의 차원인 것이다.

다원주의를 이해하는 전형적인 방식은 다음과 같다. 우리는 실로 여러 관점과 가치가 존재하는 세계에 살고 있지만, 경험적 한계로 인해 결코 이 모든 것을 받아들일 수 없다. 그러나 그런 여러 관점과 가치가 함께 한다면, 조화롭고 갈등 없는 총체를 이룰 수도 있을 것이다. 나는 자유주의 정치 이론에서 지배적인 이런 유형의 관점이 살아남기 위해 적대 차원에서의 정치적인 것을 부정할 수밖에 없음을 지적해왔다. 사실 이런 자유주의의 주된 원리 중 하나는, 이성에 근거한 보편적 합의가 가능하다고 믿는 합리주의적 신념이다. 고로 정치적인 것이 자유주의의 맹점이 되는 것은 당연한 일이다.* (결정 불가능한 지형 안에서 결정을 해야 한다는 강한 의미에서) 피할 수 없는 결정의 순간을 표면화시킴으로써 적대가 드러내는 것은 바로 이런 합리적 합의의 한계이다.

나는 적대 차원에서의 '정치적인 것'을 부인하는 것이야말로 자유주의 이론이 적절한 방식으로 정치를 구상하지 못하게 만든다고 주장해왔다. 단순히 부인한다거나 없어지길 바란다고 해서 적대 차원에서의 정치적인 것을 사라지게 할 수는 없다. 그런 태도는 전형적으로 자유주의적인 것이다. 그리고 그런 부정은, 자유주의 자체의 이론에 따르면, 이른바 의고적인 열정을 이성이 미처 통제하지 못했던 지난 시대에나 있을 법한, 적대와 폭력 형태들의 출현과 마주했을 때 자유주의 사상이 특징적으로 보여주는 무력함을 야기할 뿐이다. 오늘날 자유주의가 냉전 이후에 등장한 새로운 적대의 성격과 원인을 파악하는 데 무능력한 것은 바로 여기에 뿌리를 두고 있다.

또한 자유주의 사상은 그 자체의 개인주의 때문에 '정치적인 것'을 보지 못하는데, 이로 인해 집합적 동일성의 형성을 이해할 수 없게 된다. 하지만 정치적인 것은 애초부터 집합적 형태의 동일시와 관

---

* 여기서 무페는 '정치적인 것'이 자유주의의 맹점인 이유를 자유주의가 '적대'의 근절 불가능성을 충분히 인식하지 못한다는 측면에서 설명하지만, '정치'를 '도덕'에서 탈구시키기 위한 이론적 작업이 그 주된 목적 중 하나였던 『정치적인 것의 귀환』에서는 자유주의가 '정치적 공동선'과 '도덕적 공동선'을 분리하지 못한 채 정치적인 본성의 문제를 도덕적 차원으로 다룬다는 측면에서 지적한다. 물론 자유주의가 '정치적인 것'을 사유하지 못하는 문제와 관련해 두 저작 모두가 관건으로 여기는 것은 자유주의적 '개인주의'이다. Mouffe, *The Return of the Political*, pp.32~33. [『정치적인 것의 귀환』, 59~60쪽.]

련되어 있다. 왜냐하면 이 [정치적인 것의] 영역에서는 '우리'가 항상 '그들'과의 대립 속에서 형성되는 것으로 다뤄지기 때문이다. 여기에 자유주의적 합리주의의 주된 문제가 있다. 즉, 자유주의적 합리주의는 '현존하는 존재'[현존으로서의 존재]being as presence라는 본질주의적 개념화에 근거해 사회적인 것에 대한 논리를 펼치며, 객관성을 대상들 자체에 내재해 있는 것으로 상상한다. 그리하여 동일성이 [다른 동일성과의] 차이로서 구축되는 경우에만 존재할 수 있으며, 어떤 사회적 객관성이라도 권력의 작용을 통해 구성된다는 점을 인식하지 못한다. 자유주의적 합리주의는 모든 형태의 사회적 객관성이 궁극적으로 정치적이며, 거기에는 그 구성을 결정하는 배제 행위의 흔적이 들어 있을 수밖에 없음을 인정하려 하지 않는 것이다.

이런 테제를 설명하기 위해 나는 몇몇 저서들에서 '구성적 외부'constitutive outside라는 관념을 사용했다.** 이 관념은 나의 논증에서 핵심 역할을 하니, 여기서 다시 한 번 설명할 필요가 있다고 본다.

본래 이 용어는 자크 데리다가 '대리보충,' '흔적,' '차이'[차연] 같은 관념들을 통해 전개한 몇몇 주제를 언급하기 위해 헨리 스태튼이 제안한 것이다.[3] 스태튼의 목적은 동일성의 창출이 언제나 차이의 수립을 내포한다는 사실을 강조하려는 것이었다. 확실히 데리다는 모종의 객관성[대상성] 형태를 언급하며 매우 추상적인 수준에서 이런 고찰을 전개해갔다. 나의 경우에는, 정치 영역에서 그런 고찰의

** Mouffe, *The Return of the Political*, pp.114, 141. [『정치적인 것의 귀환』, 182, 223~224쪽]; *The Democratic Paradox*, p.21. [『민주주의의 역설』, 29~30쪽.]

3) Henry Staten, *Wittgenstein and Derrida*, Oxford: Basil Blackwell, 1985.

귀결을 표면화하고 정치적 동일성의 구성에서 그 고찰의 타당성을 보여주는 데 관심을 가져왔다. 내 주장은 다음과 같다. 모든 동일성이 관계적이며, 모든 동일성의 실존을 위한 전제 조건이 차이를 긍정하는 것, 곧 그 동일성의 '외부'를 구성하는 어떤 '타자'를 지각하는 것임을 이해하면, 항상 집합적 동일성을 다루는 정치가 어째서 '그들'과의 경계짓기를 바로 그 구성을 위한 가능성의 조건으로 요구하는 '우리'의 구성에 관한 것인지를 이해할 수 있다는 것이다.

물론 이런 관계가 반드시 적대적이라는 의미는 아니다. 사실, 수많은 우리/그들의 관계는 그저 차이를 인식하는 문제일 뿐이다. 하지만 이것은 이 '우리/그들'의 관계가 '친구/적'의 관계가 될지도 모를 가능성이 항상 존재한다는 것을 뜻한다. 이런 일은 지금껏 그저 다르다고만 여겨지던 타자가 **우리의** 동일성에 의문을 제기하고 **우리의** 존재를 위협하는 것처럼 감지되기 시작할 때 일어난다. 그 순간부터, 칼 슈미트가 지적했듯이, (종교적이든, 인종적이든, 또는 경제적이든) 어떤 형태의 우리/그들의 관계라도 적대의 장소가 된다.

여기서 우리가 인정해야 할 중요한 사실은, 정치적 동일성을 형성할 수 있는 그 가능성의 조건이 동시에 사회로부터 적대가 제거될 수 없는 불가능성의 조건이라는 점이다.

경합 모델

바로 이런 적대의 항상-현존하는 가능성이라는 맥락에서 나는 민주주의의 '경합' 모델이라 부르는 것을 정교화해왔다. 나의 본래 의도는 자유민주주의적 제도들에 대한 '은유적인 재서술'을 제공하는 것이었다. 다원주의적 민주주의 정치에서 관건이 무엇인지를 파악할 수 있도록 하는 재서술 말이다. 나는 민주주의 정치의 성격과 그것이 직면한 도전을 이해하려면 민주주의 정치 이론의 두 가지 주요 접근법에 대한 대안이 필요하다고 주장해왔다.

이 두 가지 주요 접근법 중 하나인 선호집합 모델*은 정치적 행위자들을 자신이 추구하는 이해관계에 따라 움직이는 존재로 본다. 또 다른 접근법인 심의 모델은 이성과 도덕적 숙고의 역할을 강조한다. 이 두 모델 모두가 등한시하는 것은 집합적 동일성의 중요성과 이 집합적 동일성을 구성하는 데서 정동이 행하는 결정적 역할이다.

내가 주장하는 바는, '열정'을 정치 영역에서의 원동력으로 인정하지 않은 채 민주주의 정치를 이해하기란 불가능하다는 것이다. 경합적 민주주의 모델의 목적은 다른 두 모델들[선호집합 모델과 심의

---

* aggregative model. 무페에 따르면, 선호집합 모델은 조지프 슘페터가 고전적 민주주의를 비판하면서 그 대안으로 제시하고, 앤소니 다운즈가 더 정교화한 민주주의 모델을 가리킨다. Joseph Schumpeter, *Capitalism, Socialism and Democracy*, New York: Harper & Brothers, 1942. [변상진 옮김, 『자본주의, 사회주의, 민주주의』, 한길사, 2011]; Anthony Downs, *An Economic Theory of Democracy*, New York: Harper & Row, 1957. [박상훈·이기훈·김은덕 옮김, 『경제이론으로 본 민주주의』, 후마니타스, 2013]; Mouffe, *The Democratic Paradox*, pp.81~83. [『민주주의의 역설』, 127~129쪽.] 일반적으로 선호집합 모델은 '개인적 선호' 또는 '경제적 이해관계'의 집합·집약이라는 의미의 경제학적 개념을 사용해 민주주의를 정의한다. 즉, 민주주의는 주기적으로 다수의 선호를 얻기 위한 경쟁적 선거를 통해 시민의 개별적 이해관계와 선호가 집합되는 동시에 지도자가 뽑히고 정부가 선택되는 과정과 제도로 간주된다. 결국 정치적 의사는 공동체에 이익이 되는 공공선이나 일반의지가 아닌, 사익(self-interest)과 선호의 양적인 집합으로 결정된다는 것이다. 이런 선호집합 모델에 대한 대표적 비판은 다수의 선호가 곧 정치적 정당성으로 인정되어 선호의 양만 부각되고, 그 선호의 내용은 종종 무시된다는 점이다. 또한 민주주의 정치를 그 규범적 차원으로부터 분리시켜 순전히 도구적인 관점으로만 파악한다는 비판을 받는다.

모델]이 그 자체의 합리주의적·개인주의적 틀 때문에 제대로 다룰 수 없는 모든 쟁점을 따져보는 데 있다.

『민주주의의 역설』에서 내가 정교화한 논지를 대략적으로 상기해 보자. 거기서 내가 역설했던 바는, 우리가 '정치적인 것'의 차원을 인정하게 되면, 다원주의적 자유민주주의 정치를 위한 주요 도전 중 하나가 인간 관계에 존재하는 잠재적 적대를 완화시키려는 노력에 있음을 깨닫게 되리라는 것이었다. 내가 보기에, 근본적인 문제는 어떻게 하면 배제 없이 합의에 도달할 수 있는가가 아니다. 왜냐하면 그런 합의는 ['우리'에] 상응하는 '그들' 없이 '우리'를 구축하도록 요구하기 때문이다. 하지만 이는 불가능한 일이다. 앞서 지적했듯이, '그들'과의 경계짓기가 바로 '우리'의 구성을 위한 조건이기 때문이다.

따라서 결정적인 쟁점은, 정치를 구성하는 우리/그들이라는 이 구별을 어떻게 하면 다원주의에 대한 승인과 양립 가능한 방식으로 설정하는가이다. 다원주의적 민주주의의 특정성은 정확히 갈등에 대한 승인과 정당화에 있으므로, 자유민주주의 사회에서의 갈등은 근절될 수 없으며 근절되어서도 안 된다. 자유민주주의 정치에게 필요한 것은 타자를 괴멸시켜야 하는 적으로 보는 것이 아니라, 그들의 이념과 격렬하게 다툴지라도 자신의 이념을 옹호할 그들의 권리를 문제 삼아서는 안 되는 대결자로 보는 것이다. 달리 말하면, 중요한 것은 갈등이 '적대'(적들 사이의 쟁투)의 형태가 아니라 '경합'(대결자들 사이의 쟁투)의 형태를 취하는 것이다.

경합적 관점에서 민주주의 정치의 중심 범주는 '대결자'라는 범주이다. 즉, '모두를 위한 자유와 평등'이라는 민주주의의 원칙을 해석하는 데 있어서는 서로 동의하지 않지만, 그 원칙에 대한 공통의 헌신은 공유하는 대립 진영 말이다. 대결자들은 민주주의의 원칙에 대한 각자의 해석이 헤게모니적이 되기를 원하기 때문에 서로 맞서지만, 자신들의 대립 진영이 그 입장의 승리를 위해 싸울 수 있는 권리의 정당성을 문제 삼지 않는다. 대결자들 사이의 이런 대결이 바로 역동적인 민주주의의 조건인 '경합적 투쟁'을 구성하는 것이다.[4)]

제대로 기능하는 민주주의는 민주주의적인 정치적 입장들 사이의 대결을 필요로 한다. 만일 그런 대결이 사라진다면, 협상 불가능한 도덕적 가치들이나 본질주의적 형태의 동일시들 사이의 대결이 언제든 이 민주주의적 대결을 대체할 위험이 존재한다. 대결을 혐오하면서 합의를 지나치게 강조하는 것은 정치적 참여에 대한 무관심과 불만을 야기한다. 자유민주주의 사회가 가능한 대안들에 관한 논쟁을 요구하는 것은 바로 이 때문이다. 자유민주주의 사회는 명확하게 변별화된 [여러 다양한] 민주주의적 입장들에 중심을 두고 정치적 형태의 동일시를 제공해야만 한다.

물론 합의는 필요하지만, 거기에는 반드시 반대 의견이 수반되어야 한다. 자유민주주의를 구성하는 제도들에 대한 합의, 정치적 연합에 영향을 미칠 수밖에 없는 윤리-정치적 가치들에 대한 합의는 필요하다. 그렇지만 그 가치들의 의미와 그 가치들이 시행되는 방식에 관해서는 언제나 불일치가 존재할 것이다. 그러므로 이 합의는 항상 '갈등적 합의'일 것이다.

---

4) 이런 주장에 대한 더 자세한 논의로는 다음을 참조하라. Mouffe, "For an Agonistic Model of Democracy"(Ch.4), *The Democratic Paradox*, pp.80~107. [「민주주의의 경쟁적 모델을 위하여」, 『민주주의의 역설』, 125~164쪽.]

다원주의적 민주주의에 있어서 공유된 윤리-정치적 원칙을 해석하는 방식에 대한 불일치는 정당할 뿐만 아니라 필수적이다. 민주주의 정치의 요소인 이런 불일치가 서로 다른 형태의 시민적 동일시를 허용한다. 민주주의적 형태의 동일시가 결여되어 다원주의의 경합적 동학이 저해될 경우, 열정은 민주주의적으로 발산될 수 없다. 그렇게 되면 그 자리를 복병처럼 차지하는 것은 민족주의적·종교적·인종적 유형의 본질주의적 동일성을 중심으로 절합된 여러 정치 형태들, 협상 불가능한 도덕적 가치를 둘러싸고 증식하는 대결들, 그런 대결들에 수반되어 모두 드러나는 폭력이 될 것이다.

괜한 오해를 피하기 위해 다시 한 번 강조하건대, '대결자'라는 관념은 자유주의 담론에서 발견되는 이 용어에 대한 이해와는 뚜렷이 구별되어야 한다. 이 책이 제시하는 '대결자'에 대한 이해에 따르면, 자유주의적 관점과는 달리, 현존하는 적대는 제거가 아니라 '승화'된다. 사실 자유주의자들이 '대결자'라 부르는 것은 한낱 '경쟁자'일 뿐이다. 자유주의 이론가들은 정치 영역을 서로 다른 집단들이 권력의 자리를 차지하고자 경쟁하는 중립적인 지형으로 구상하는데, 이때 이 집단들은 지배적 헤게모니를 문제 삼거나 권력 관계를 근본적으로 바꾸는 일 없이, 자신의 자리를 차지하려고 상대방을 몰아내는 데 목적을 둔다. 이런 것은 그저 엘리트들 사이의 경쟁이다.

그렇지만 경합적 정치에서는 적대의 범주가 언제나 현존한다. 왜냐하면 문제가 되는 것은 [기존의 권력 관계를 건드리지 않는 엘리트들 사이의 경쟁이 아니라] 합리적인 화해가 결코 이뤄질 수 없고 누군가는 패배해야 하는 대립적인 헤게모니적 기획들 사이의 투쟁이기 때문이다. 이것이야말로 진정한 대결이다. 그러나 이것은 대결자들에 의해 수용된 일련의 민주주의적 절차들이 규제하는 조건들 아래에서 실행되는 대결이다.

주장컨대, 적대 차원에서의 '정치적인 것'을 인정할 경우에만 우리는 민주주의 정치를 위한 핵심적인 문제를 제기할 수 있다. 자유주의 이론가들에게는 미안한 말이지만, 민주주의 정치를 위해 핵심적인 문제는 어떻게 경쟁하는 이해관계들 사이의 타협을 성사시킬 것인가도 아니며, 어떻게 '합리적인' 합의(가령 어떤 배제도 없이 완전하게 포괄적인 합의)에 도달할 것인가도 아니다. 많은 자유주의자들이 믿고 싶어 하는 바에도 불구하고, 민주주의 정치의 특정성은 우리/그들의 대립을 극복하는 데 있는 것이 아니라 그 대립이 수립되는 서로 다른 방식에 있다. 민주주의 정치의 주요 임무는 열정을 제거하는 것도, 공적 영역에서 합리적 합의를 이뤄내기 위해 열정을 사적 영역으로 내치는 것도 아니다. 오히려 그 열정을 민주주의의 설계에 동원함으로써, 민주주의의 목표를 중심으로 집합적 형태의 동일시를 창출함으로써 '승화'시키는 것이다.

경합과 적대

나의 접근법에서 경합과 적대가 밀접히 관련되는 방식을 명확히 살펴봤으니, 이제는 경합적 정치에 대한 몇몇 다른 개념화와 나의 특정한 이해를 구별해주는 게 무엇인지를 검토해볼 수 있겠다. 한나 아렌트의 경우를 예로 들어보자. 내가 보기에 아렌트 식으로 '경합'을 이해할 때의 주된 문제는, 간단히 말해, 그것이 '적대 없는 경합'이라는 점이다. 무슨 말이냐면, 아렌트가 인간의 복수성을 크게 강조하고 정치란 서로 다른 존재인 인간들 사이의 공동체와 상호성을 다루는 것이라고 고집스레 주장하지만, 이 복수성이 적대적 갈등의 원천이라는 점을 결코 인정하지 않는다는 것이다.* 아렌트에 따르면, 정치적으로 사유한다는 것은 관점의 다층성을 통해 사태를 [불편부당하게] 볼 수 있는 능력을 기르는 것이다. 임마누엘 칸트와 그의 '확장된 사유'라는 이념을 참조한다는 사실이 증명해주듯이, 아렌트의 다원주의는 위르겐 하버마스의 다원주의와 근본적으로 다르지 않다. 왜냐하면 그 다원주의 역시 상호주관적 동의의 지평에 각인되어 있기 때문이다. 사실상 아렌트가 칸트의 미적 판단의 교리에서 찾은 것은 공적 공간에서 상호주관적 동의를 확인하는 절차이다.

그들 각자의 접근법이 상당히 다른데도 불구하고, 결국 아렌트는 하버마스와 마찬가지로 공적 공간을 합의가 이뤄질 수 있는 장소로 구상한다. 사실, 우리는 하버마스로부터 왔다고 짐작할 수 있는 몇몇 정식화를 아렌트의 글 속에서 발견할 수 있다. 예컨대 ('라이프 대담'이라 불리는) 1970년에 가졌던 대담에서 아렌트는 대의제에 대한 대안적인 정치 조직[구조]를 상세히 묘사하며 정당의 역할을 비판했다. 아렌트의 제안은 정당을 의사 결정에 더 적합해 보이는 평의회로 대체하는 것이었다. 아렌트는 이렇게 말했다. "우리 가운데 단 열 명만

---

* "정치는 인간의 복수성에 기초한다. 신은 **단수의 인간**을 창조했지만, **복수의 인간**은 인간적이며 지상에서 만들어진 산물이고, 인간 본성의 산물이다. 철학과 신학은 항상 단수의 인간과 관계하기에 …… 정치란 무엇인가라는 질문에 대한 어떤 타당한 철학적 대답도 발견하지 못했다." "정치는 **서로 다른** 인간들의 공존(coexistence)과 연합(association)을 다룬다. 인간들은 차이라는 절대적 혼돈 안에서 발견되거나 그로부터 추상되는 어떤 본질적 공통성에 따라 자신을 정치적으로 조직한다." Hannah Arendt, "Introduction into Politics," *The Promise of Politics*, ed. Jerome Kohn, New York: Schocken Books, 2005, p.93. [김선욱 옮김, 「정치로의 초대」, 『정치의 약속』, 푸른숲, 2007, 132~133쪽.]

이 테이블에 둘러앉아 각자가 자신의 의견을 표명하고 다른 사람의 의견을 듣는다면, 그때는 의견들의 교환을 통해 합리적인 의견 형성이 일어날 수 있습니다."[5]

확실히, 아렌트의 경우에 합의는 하버마스처럼 합리적 '담론'[담화]이 아니라 (그리스어 독사doxa의 의미에서의) 목소리들과 의견들의 교환에서 비롯된다.** 린다 제릴리가 지적했듯이, 하버마스에게 합의는 칸트가 '논의하다'disputieren라고 부른 것(즉, 논리적 규칙들의 제

---

5) Hannah Arendt, "Thoughts on Politics and Revolution," *Crisis of the Republic: Lying in Politics, Civil Disobedience on Violence, Thoughts on Politics, and Revolution*, New York: Harvest Books, 1972, p.233. [김선욱 옮김, 「정치와 혁명에 대한 소고: 하나의 주석」, 『공화국의 위기』, 한길사, 2011, 307쪽; 윤철희 옮김, 「정치와 혁명에 관한 사유: 하나의 견해」, 『한나 아렌트의 말: 정치적인 것에 대한 마지막 인터뷰』, 마음산책, 2016, 158쪽. 이 글은 1970년 여름 독일 기자인 아델베르트 라이프(Adelbert Rief, 1936~2013)와 나눈 대담을 기록한 것으로, '라이프 대담'이라는 별칭은 이 사실에서 유래한 것이다.]

** 아렌트는 자신이 말하는 영어의 'opinion'이 그리스어의 'doxa'에 해당한다고 언급하며, 이 둘을 함께 사용한다. 하지만 이때의 'doxa'는 플라톤이 말하는 것과는 상반된 의미를 갖는다. 이 점은 아렌트가 소크라테스의 죽음으로 촉발된 철학과 정치 사이의 갈등과 간극을 논의하는 자리에서 플라톤과 소크라테스의 'doxa'를 비교·분석하는 것을 통해 드러난다. 즉, 아테네인들의 무책임한 의견에 맞섰던 소크라테스가 그들을 설득하지 못하고 유죄 판결을 받았다고 인식한 플라톤은 '진리'(episteme/참된 앎)와 '의견'(doxa/억견)을 하나의 대립항으로 맞세우며 의견을 경멸하고 진리를 절대적 기준으로 간주한다. 하지만 아렌트는 플라톤이 보여주는 이런 "설득의 타당성에 대한 의심과 의견에 대한 비난"을 "가장 반(反)소크라테스적인 결론"이라고 주장하면서, 오히려 '설득'과 '의견'을 중요한 정치적 행위로 상정한다. 이처럼 플라톤적인 맥락에서의 'doxa'는 진리의 반대편에 서 있는 '억견'이라 할 수 있지만, 아렌트의 'doxa'는 이런 '억지 주장'의 의미와는 거리가 멀다. 이 점을 고려해 여기서는 'doxa'를 원음 그대로 표기했다. Hannah Arendt, "Socrates," *The Promise of Politics*, ed. Jerome Kohn, New York: Schocken Books, 2005, pp.5~39. [김선욱 옮김, 「소크라테스」, 『정치의 약속』, 푸른숲, 2007, 29~69쪽.]

약을 받는 주장들의 교환)을 통해 나타나는 반면, 아렌트에게 합의는 반박할 수 없는 증명이 아니라 설득을 통해 동의가 이뤄지는 '논쟁하다'streiten의 문제이다.[6] 하지만 아렌트도 하버마스도 모든 합의 형태의 헤게모니적 성격과 적대의 근절 불가능성, 즉 장-프랑수와 리오타르가 '쟁론'*이라고 지시한 것의 계기를 인정하지 못한다.

경합에 관한 나의 개념화는, 보니 호니그가 아렌트에게서 영감을 받아 자신의 책 『정치 이론과 정치의 치환』에서 보여준 개념화와도 다르다.[7] 호니그에 따르면, 정치에 대한 두 가지 관점이 존재한다. 즉, 칸트, 존 롤스, 마이클 샌들의 작업에서 발견되는 '**덕**'virtue, 그리고 니콜로 마키아벨리, 프리드리히 니체, 아렌트가 상정한 '**탁월함**'virtú이 그것이다. 호니그에게 **탁월함**이라는 관점의 핵심은 경합적 대결인데, 이 경합적 대결을 통해 시민들은 정책과 아이디어를 공개적으로 논의하며, 토론을 종결시키려는 일체의 시도에 도전하도록 독려된다. 물론 대결이라는 차원의 중요성에 대해 호니그에게 동의하지 않는 것은 아니지만, 나는 단지 어떤 쟁점이나 동일성을 둘러싸고 대결이 진행 중이라는 사실만으로 경합적 투쟁의 성격을 구상할 수 있

---

6) Linda Zerilli, "We Feel Our Freedom: Imagination and Judgement in the Thought of Hannah Arendt," *Political Theory*, vol.33, no.2, April 2005, pp.158~188.

* différend. 두 가지 논의 모두에 적용될 수 있는 판단 규칙의 결여로 인해 공정하게 해결될 수 없는, (적어도) 두 당사자 사이에서 발생하는 갈등의 한 경우이다. 이 경우에 한쪽이 정당하다고 해서 다른 쪽이 정당하지 않은 것은 아니다. Jean-François Lyotard, *Le Différend*, Paris: Minuit, 1983. [진태원 옮김, 『쟁론』, 경성대학교출판부, 2015.]

7) Bonnie Honig, *Political Theory and the Displacement of Politics*, New York: Cornell University Press, 1993.

다고는 생각하지 않는다. 또한 우리는 헤게모니적 절합의 결정적 역할과, 이미 존재하고 있는 것에 도전할 뿐만 아니라 새로운 절합들과 새로운 제도들을 구축할 필요성 역시 파악할 필요가 있다.

호니그의 경합적 접근법이 지닌 문제는 그녀가 페미니즘 정치를 구상하는 방식을 통해 예시될 수 있다. 「경합적 페미니즘을 향하여: 아렌트와 동일성의 정치」라는 논문에서 호니그는 아렌트의 연구가 경합적인 수행성의 정치를 제공해주기 때문에 페미니스트들에게 중요하다고 주장하는데, 이 경합적인 수행성의 정치는 우리가 '무엇'인지를 재현하고 재생산하는 대신에 새로운 동일성의 생산을 통해 우리가 '누구'인지를 경합적으로 만들어낸다는 것이다.[8)]

호니그는 아렌트가 결코 스스로를 페미니스트로 제시한 적이 없었음을 인정하면서도, 다층성의 복합적 장소인 자아의 동일성들이 언제나 수행적으로 생산된다고 보는 아렌트의 경합적 정치가 특히 페미니즘 정치에 적합하다고 단언한다. 호니그는 아렌트가 페미니즘을 섹스/젠더와 섹슈얼리티의 의미, 실천, 정치를 둘러싼 대결의 장소로 구상할 수 있게 해준다고 여긴다. 메리 디츠의 지적처럼, 호니

8) Bonnie Honig, "Toward an Agonistic Feminism: Arendt and the Politics of Iden-tity," *Feminist Interpretations of Hannah Arendt*, ed. Bonnie Honig, Pennsylvania: Penn State University Press, 1995. [이 글에서 호니그는 아렌트가 '무엇임'(**what** we are)과 '누구임'(**who** we are)을 구별한 데 주목한다. 호니그는 아렌트가 말하는 '무엇임'이란 (아렌트가 주장하는 세 가지 활동 양식 중 하나인) 행위 이전 또는 행위와 떨어져 있는 사적 영역에서의 생물학적·심리적 자아를 가리키며, 이런 자아가 '행위'와 '발언'이라는 수행성을 통해 동일성을 생산하며 비로소 '누구임'이 된다고 파악한다. Hannah Arendt, *The Human Condition* (1958), 2nd ed. Chicago: University of Chicago Press, 1998, p.179; 이진우·태정호 옮김, 『인간의 조건』, 한길사, 1996, 239~240쪽.]

그는 "환원 불가능한 동일성들의 정치를 가지고 동일성의 견고한 위치성들을 무너뜨리기 위해 아렌트를 전용"하며, 그럼으로써 "젠더를 극복"하고 "동일한 것[동일함]의 평등을 위해 행위함acting을 존재함being으로 환원시켜 차이를 지워버리는 제한적 범주들로부터 동일성(그리고 '여성'이라는 용어)을 해방시킨다."[9)]

결국 [호니그의 사유에서] 동일성은 '동일성들'로 대체되며, 여성이 페미니즘 정치의 당연한 출발점이 되는 것이 불가능해진다. 디츠의 말에 따르면, 이런 페미니즘은 정치라는 공적 공간을, "우리가 무엇을 해야 하는가"가 아니라 "우리가 누구인가"를 주된 문제로 삼아 논쟁하는 언어 게임[의 장]으로 생각한다.

내가 볼 때, 이런 페미니즘으로는 페미니즘 정치의 적합한 형태를 충분히 구상하지 못한다. 나는 경합적 투쟁이 '누구임'who-ness을 해체하고 동일성들을 확산시키는 데에만 전적으로 집중해야 한다고 생각하지 않는다. 우리가 시민으로서 무엇을 해야 하는가라는 문제를 언급하는 걸 희생하면서까지 말이다. 여기서 우리는 한나 피트킨이 「정의: 공과 사에 관하여」에서 [아렌트에게] 했던 비판을 호니그에게도 동일하게 가할 수 있을 것이다. 그 논문에서 피트킨은, 발화 행위와 자아 표현이라는 맥락에서 행위로 이해되는 자유의 측면은 지나치게 강조하면서도 정의라는 쟁점과 무엇을 할 것인가라는 쟁점은 진지하게 충분히 다루지 않는다고 아렌트를 몹시 힐난한다.[10)]

---

9) Mary Dietz, "Feminist Receptions of Hannah Arendt," *Feminist Interpretations of Hannah Arendt*, ed. Bonnie Honig, Pennsylvania: Penn State University Press, 1995, p.36. [여기서는 디츠의 원문을 직접 참조해 본문에서 인용된 내용을 일부 수정했다.]

우리는 또 다른 경합주의 이론가 윌리엄 코널리가 제시한 개념에서 이와 유사한 한계들을 발견할 수 있다.[11] 니체에게 영향 받은 코널리는 '아곤'agon이라는 니체의 개념을 민주주의 정치와 양립할 수 있게 만들려고 노력했다. 코널리는 민주주의의 급진화를 촉구하는데, 이런 민주주의의 급진화는 토론을 종결하려는 모든 시도를 저지하기 위해 시민들이 참여라는 새로운 민주주의적 에토스를 함양해 경합적 대결에 뛰어들 때 그 결과로서 나타나는 것이다. 이런 전망의 중심에는 '경합적 존중'이라는 관념이 자리하고 있는데, 코널리가 보기에 이것은 우리가 동일성을 위한 투쟁의 실존적 조건을 공유할 때 등장하며, 우리의 유한함을 인식할 때 제 모습을 갖춘다. 코널리에게 경합적 존중은 심화된 다원주의의 기본 덕목을 대표하는 것이자 우리의 동시대적인 다원주의적 세계에서 가장 중요한 정치적 덕목이다.

당연히 경합적 투쟁에 참여하는 대결자들 사이에서 존중은 필요하다. 하지만 이 경합적 존중의 한계와 관련된 한 가지 중요한 질문이 제기되어야 한다. 모든 적대가 경합으로 변환될 수 있고, 모든 입장이 정당한 것으로 받아들여져 경합적 투쟁 속에 수용될 수 있는가? 또는 갈등적 합의, 즉 대립 진영이 스스로를 정당한 대결자로 인식하는 상징적 공간을 제공하는 그 합의의 일부가 될 수 없다는 이유로 배제될 필요가 있는 요구들이 존재하는가? 달리 말해, 우리는 적대 없는 다원주의를 구상할 수 있는가?

---

10) Hannah Pitkin, "Justice: On Relating Private and Public," *Political Theory*, vol.9, no.3, August 1981, pp.327~352.

11) 예컨대 다음을 참조하라. William E. Connolly, *Pluralism*, Durham, NC: Duke University Press, 2005.

코널리는 이런 타당한 정치적 질문들을 다루지 않는다. 바로 이런 이유에서 나는 코널리의 접근법이 실질적인 민주주의 정치를 위한 틀을 제공할 수 없다고 생각한다. 어떻게 정치적으로 행동할지 구상하려면 결정의 순간을 회피할 수 없는데, 이것은 경계들을 수립해야 함을, 즉 포함/배제의 공간을 결정해야 함을 함의한다.

이런 결정의 순간을 회피하는 접근법은 지배적 헤게모니에 도전할 수 없을 것이며, 현존하는 권력 관계들을 변환시키지도 못할 것이다. '경합적 존중'이라는 코널리의 개념화가 제시하는 것은 '다원주의의 에토스'이지만, 이것만으로는 자신의 주장처럼 새로운 변환의 민주주의 정치를 구성하기에 불충분하다. 다원주의적 에토스를 조성할 필요가 있다는 코널리의 고찰이 중요함을 부인하고 싶지는 않지만, 진정한 정치적 접근법은 다원주의의 한계를 다룰 필요가 있다. 호니그의 경우에서처럼, 여기서 놓치고 있는 것은 내가 정치에서 핵심적이라고 주장해온 두 가지 차원, 즉 적대와 헤게모니이다.

아렌트와 니체의 영향을 받은 경합적 접근법들의 주된 결함은, 토론의 종결과 맞서 싸우는 데 주로 집중하기 때문에 헤게모니적 투쟁의 성격을 파악할 수 없다는 점이다. 이런 접근법들이 찬양하는 방해disturbance의 정치는 헤게모니 투쟁의 또 다른 측면, 즉 민주주의적 요구들 사이에 등가 사슬을 수립하고 대안적 헤게모니를 구축해야 하는 측면을 무시한다. 민주주의를 급진화하기 위해 지배적 절차를 뒤흔들고 현존하는 배치를 교란하는 것으로는 충분하지 않다.

적대는 근절될 수 없으며 모든 질서가 헤게모니적 질서임을 인정할 때, 우리는 정치의 핵심 질문과 마주하는 것을 피할 수 없게 된다. 즉, 경합의 한계는 무엇이며, 민주주의의 급진화 과정을 가능케 하기 위해 수립될 필요가 있는 제도와 권력 형태는 무엇인가? 이 질문은 결정의 순간에서 빠져나가지 말 것을 우리에게 요구한다. 그리고 이 질문은 어떤 형태로든 토론이 종결됨을 함축할 수밖에 없다. 윤리적 담론은 아마도 이 순간을 피할 수 있겠지만, 정치적 담론은 분명 그렇게 할 수 없을 것이다.

정치적인 것을 구성하는 토론 종결의 불가피한 순간을 설명하지 못하는 이런 무능력은, 단순히 다층성을 가치화하는 것으로 다원주의를 구상하고, 그에 따라 갈등과 적대의 구성적 역할을 회피해버리는 접근법의 필연적인 귀결이다. 이에 반해, 나의 접근법은 사회적 분할의 구성적 성격과 최종적인 화해의 불가능성을 인정한다.

두 접근법은 공히 현대 민주주의의 조건 아래에서는 인민을 '하나'로 구상할 수 없다고 단언한다. 그러나 첫 번째 접근법[다른 경합 이론가들의 접근법]에서 인민은 '다층적'인 것으로 여겨지는 반면, 두 번째 [나의] 접근법에서 인민은 '분할되어 있는' 것으로 나타난다. 분할과 적대가 근절 불가능한 것으로 인식될 경우에만 제대로 된 정치적 방식으로 사유하는 것이 가능해진다.

윤리와 정치

'정치적인 것'을 이렇게 [나의 접근법처럼] 이해하는 것에 대해 오늘날의 시대정신이 그다지 호의적이지 않음을 나는 잘 알고 있다. 윤리적 용어로 이 정치적 영역을 구상하려는 경향이 훨씬 더 대중적이니 말이다. 서로 다른 이론적 지평에서 출현한 몇몇 저자들이 이런 '윤리적 전회'의 예들을 제공해줄 수 있을 테지만, 나는 알랭 바디우에 대해 몇 마디 언급하기로 결심했다. 바디우의 경우가 특히 흥미로운 이유는, 언뜻 보아 윤리적 진영에서 바디우를 발견하리라고는 그 누구도 예상하지 못했기 때문이다. 하지만 올리버 마르카트가 주장하듯이, 사실 이 윤리적 진영이야말로 정치에 대한 바디우의 개념화가 자리해야 할 곳이다.[12] 바디우의 접근법에 대한 마르카트의 논의는 오늘날 윤리적인 것이 정치적인 것을 대체하고 있는 것에 관한 내 자신의 주장을 다지는 데 도움을 줄 수 있다.

바디우는 정치적인 것과 정치를 구별하지만, 그의 구별법은 나의 구별법과는 다르다. 바디우는 전통적인 정치 철학을 가리키는 데 '정치적인 것'le politique이라는 용어를 사용하며, 자기 자신의 입장을 나타나는 데 '정치'la politique라는 용어를 사용한다. 마르카트가 지적하듯이 바디우의 주된 표적은 아렌트인데, 왜냐하면 [바디우는] 아렌트가 진리를 정치 영역의 범주가 아니라고 주장하기 때문이다. 바디우가 보기에, 의견의 복수성을 옹호하고 진리라는 관념을 배제하는 정치 철학은 결국 의회주의 정치를 조장할 수밖에 없게 된다. [아렌트가] 정치적인 것을 의견의 복수성으로 특징짓는 데 맞서, 바디우는 상호 간의 의견 교환을 통해서가 아니라 진리 사건과 맺는 단독적인 관계를 통해 규정되는 주체가 생산하는 정치의 단독성을 역설한다.

바디우가 주장하는 바에 따르면, 정치는 진리의 명령이고 사건이다. 그리고 사건이 일어나려면, 모든 사실을 제쳐두고 현실에서의 주어진 행위가 아닌 [전혀 다른] 어떤 것에 충실할 필요가 있다고 바디

12) Oliver Marchart, *Post-Foundational Political Thought: Political Difference in Nancy, Lefort, Badiou and Laclau*, Edinburgh: Edinburgh University Press, 2007. [최근의 작업도 참조하라. Oliver Marchart, *Thinking Antagonism: Political Ontology after Laclau*, Edinburgh: Edinburgh University Press, 2018.]

우는 완강하게 주장한다. 사실상 사건은 실재적인 것의 순간적인 중단이다. 이것은 상황의 상태가 붕괴되는 것이기 때문에 예측될 수 없다. 진리를 생산하는 것은 사건에 계속 충실하려는 주체의 결정이다. 바디우는 이런 식으로 말한다. "나는 한 사건에 대한 충실성의 실재적 과정을 '진리'(**하나의** 진리)라고 부른다. 이 충실성이 상황 속에서 **생산하는** 것이 바로 진리이다."[13]

마르카트는 정치에 대한 바디우의 개념화를 검토하면서 이렇게 정확히 지적한다. "바디우는 자신의 저서 『윤리학』과 『사도 바울』에서 그랬듯이, 충실함이라는 관념을 중심으로 자기 이론의 정치적 측면을 구축함으로써 정치에 대한 윤리적 관점을 특권화한다. 그 결과, 정치적 행위는 자신의 사유와 행위를 통해 특정한 사건에 계속 충실하고자 하는 윤리적 노력, 심지어 유사 종교적 노력이 된다."[14] 더불어 마르카트는 바디우의 이 무조건적인 것의 정치를 여전히 정치라 부르는 것이 타당한지 아니면 우리가 윤리에 관해 오히려 말하지 말아야 하는지에 대해 의구심을 갖는데, 그 대답은 궁극적으로 후자여야 한다는 것이 나의 생각이다. 나 역시 무조건적인 것의 엄격한 윤리는, 항상 조건적인 것을 다루는 정치 영역과 확실히 상충된다고 보는 마르카트의 관점에 동의한다. 어떻게 우리는 '진리의 정치'를 현실 정치의 지형 안에서 작동시킬 것인가? 확실히 그런 [진리의] 명령은 바디우 자신이 거부하는 자유민주주의적 다원주의의 유형뿐만 아니

---

13) Alain Badiou, *Ethics: An Essay on the Understanding of Evil*, London/New York: Verso, 2001, p.42. [이종영 옮김, 『윤리학: 악에 대한 의식에 관한 에세이』, 동문선, 2001, 55~56쪽.]

14) Marchart, *Post-Foundational Political Though*, p.129.

라 급진 민주주의의 그 어떤 기획과도 양립할 수 없다. 그래서 그런 명령은 우리를 정치적으로 막다른 길에 이르게 한다.

내가 옹호하는 접근법에 따르면, 결정 불가능한 지형에서의 결정이 요구되기에 정치의 영역은 무조건적인 것의 영역이 아니며 그럴 수도 없다. 바로 이런 이유에서 기존의 헤게모니적 권력 배치를 통해 수립된 질서 유형은 늘 정치적이며 다툼의 여지가 있다. 그러므로 이런 질서는 더 상위 질서[가령 신적 질서]의 명령을 받는다고 정당화되어서도, 유일하게 합법적인 질서로 제시되어서도 결코 안 된다.

앞서 논의했듯이, 어떤 질서가 도입되려면 경계가 그어지고 토론 종결의 순간과 반드시 마주해야 한다. 그러나 이 경계는 정치적 결정의 결과이다. 요컨대 이 경계는 특정한 우리/그들을 기반으로 구성되며, 바로 그런 이유로 인해 우발적이며 대결의 여지가 있는 무엇으로 인식되어야 한다. 민주주의 정치를 특징짓는 것은 서로 갈등하는 헤게모니적 기획들 사이의 대결, 즉 최종적 화해의 가능성이 없는 대결이다. 윤리적이 아니라 정치적인 용어로 이런 대결을 생각하려면 기존의 정치가 창출하고자 하는 '우리'의 유형, 그에 요청되는 등가 사슬에 관한 일련의 전략적 문제들을 질문할 필요가 있다.

이런 일은 대결자, 즉 '우리'의 '구성적 외부'의 역할을 하게 될 '그들'을 정의하지 않고서는 일어날 수 없다. 바로 이것을 '정치적인 것의 계기,' 사회적 분할의 구성적 성격과 적대의 근절 불가능성에 대한 승인이라 부를 수 있는 것이다. 바로 이런 이유에서, 정치적인 것의 차원을 인정할 능력도 의지도 없는 이론가들은 급진 정치의 성격을 구상하는 데 실질적인 지침을 제공할 수 없다.

2
다극적이고 경합적인 세계에는 어떤 민주주의가 필요한가?
Which Democracy for a Multipolar Agonistic World?

나는 경합적 모델을 다원주의적 자유민주주의라는 특정한 정치 체제regime의 맥락 속에서 정교화해왔다. 하지만 이 경합적 모델의 몇몇 통찰(예를 들어 갈등이 적대적 형태로 출현하는 것을 피하기 위해 '경합적' 형태를 취할 수 있는 가능성을 마련하는 것의 중요성)은 국제 관계 분야에서도 유용할 수 있다고 생각한다. 상황이 조금씩 변하고 있긴 하지만, 냉전이 종식된 이후로 우리는 거대한 일극적 세계에서 살아가고 있다. 지배적 헤게모니 질서에 대한 공인된 대안의 부재는, 이 질서에 저항하고자 했던 사람들이 [자신들의 불만을] 표출할 정당한 [정치적] 형태를 찾으려는 것을 저해해왔다.

『정치적인 것에 대하여』에서 내가 제시했던 것처럼, 기성의 국제 질서를 근본적으로 부인하려는 담론과 실천이 확산되는 것의 근원에는 바로 신자유주의적 세계화 모델의 헤게모니에 도전할 수 있는 정치적 통로의 결여가 놓여 있다.*

---

* 무페는 일극적인 신자유주의적 세계 질서에 도전할 수 있는 정당한 정치적 통로들의 부재가 기성의 질서를 '근본적'으로 부인하는 움직임의 확산을 가져왔다고 지적하면서, 이 문제를 오늘날의 (근본주의적) 테러리즘 현상과 연관지어 논의한 바 있다. 무페의 이론적 입장에서 보자면, 이 테러리즘은 경합적 다원주

'세계를 보편적 단일체로 보는 것'의 위험을 고찰하다 보니, 나는 범세계주의적 민주주의의 확립을 다양한 방식으로 옹호해온 이론가들을 비판하게 됐다. 내가 범세계주의적 접근법에 반대하는 주된 이유는, 어떻게 정식화되든, 그런 접근법이 헤게모니와 주권을 넘어선 세계의 가능성을 상정함으로써 정치적인 것의 차원을 부정하기 때문이다. 더구나 이런 접근법은 흔히 서구 모델의 보편화에 입각해 있어서, 대안들의 복수성을 고려할 여지가 없다. 일국적 수준에서든 국제적 수준에서든, 하나의 단일한 모델을 중심으로 한 합의의 성립을 정치의 목표로 구상하게 되면 정당한 이견의 가능성은 제거되고, 그로 인해 적대의 폭력적 형태가 출현하기 좋은 지형이 만들어진다는 사실을 우리는 깨달아야만 한다.

『정치적인 것에 대하여』에서 내가 보여준 범세계주의 비판은 주로 데이비드 헬드, 다니엘 아치부기, 울리히 벡 같은 이론가들이 제시한 범세계주의적 민주주의 모델을 겨냥한 것이었다. 이들은 공산주의 붕괴 이후의 세계화라는 현재의 조건 속에서 칸트적인 범세계주의적 기획이 마침내 실현될 수 있다고 주장한다.[1)]

하지만 이와 다른 종류의 범세계주의도 물론 존재하며, 사실상 점점 더 많은 이론가들이 전통적인 칸트 식의 범세계주의에 가해졌던 비판들을 고려하기 위해 범세계주의적 기획의 재정식화를 시도해왔

의의 부재로 인해 표출된 적대의 극단적인 폭력적 형태인 것이다. 이에 대한 더 자세한 설명으로는 다음을 참조하라. Chantal Mouffe, *On the Political*, London: Routledge, 2005, pp.81~83.

1) Chantal Mouffe, "Which World Order: Cosmopolitan or Multipolar?"(Ch.5), *On the Political*, London: Routledge, 2005, pp.90~118.

다. 우리는 마사 누스바움처럼 '전 지구적 인류 공동체'에 우선적으로 충성해야 한다고 단언하는 사람들, 즉 임마누엘 칸트에게서 영감을 받은 전통적인 보편주의적 범세계주의자들과 비교해, 그런 관점을 거부하는 '새로운 범세계주의자들'이 점점 늘고 있음을 알게 된다. 이 새로운 범세계주의자들은 권력의 현실을 인식하고 정치적으로 실행 가능한 연대의 필요성을 인정함으로써 [하늘에 붕 떠 있는 듯한] 범세계주의를 땅으로 끌어내리고자 한다.

이 새로운 범세계주의는 다양한 형태로 존재하는데, 그 중에는 제임스 클리포드의 '비균질적 범세계주의,' 호미 바바와 디페쉬 차크라바티의 '토착적 범세계주의,' 브루스 로빈스의 '다중상황적 범세계주의,' 월터 미뇰로의 '탈식민적 범세계주의,' 폴 래비노우의 '비평적 범세계주의' 등이 있다.** 이 이론가들은 모두 전 지구적 정의의 추

** 무페가 제시한 '새로운 범세계주의' 이론가들 각각의 대표적 논의로는 다음을 참조하라. James Clifford, *Routes: Travel and Translation in the Late Twenty Cen-tury*, Cambridge, MA: Harvard University Press, 1997; Homi K. Bhabha, "Un-satisfied: Notes on Vernacular Cosmopolitanism," *Postcolonial Discourses: An Anthology*, ed. Gregory Castle, Oxford: Blackwell, 2001; Bruce Robbins, *Feeling Global: Internationalism in Destress*, New York: New York University Press, 1999; Walter Mignolo, *The Darker Side of Western Modernity: Global Futures, Decolonial Options*, Durham, NC: Duke University Press, 2011; Paul Rabinow, *Essays on the Anthropology of Reason*, New Jersey: Princeton University Press, 1996. 한편 1990년대 전후로 활발하게 생산된 '새로운 범세계주의' 담론/이론의 개괄적 논의로는 다음을 참조하라. Timothy Brennan, *At Home in the World: Cosmopolitanism Now*, Cambridge, MA: Harvard University Press, 1997; Pheng Cheah and Bruce Robbins, *Cosmopolitics: Thinking and Feeling beyond the Nation*, Minneapolis: University of Minnesota Press, 1998; Brett Neilson, "On the New Cosmopolitanism," *Communal/Plural: Journal of Transnational and Cross-Cultural Studies*, vol.7, no.1, April 1999; Sheldon Pollock, Homi K.

상적 기준처럼 보이는 범세계주의를, 인류 전체보다 더 낮은 차원에 머무르며 그 차원에서 행동할 필요성과 조화시키기 위해 노력한다. 관국가적 수준에서 상호성과 연대의 감각을 조성하는 것이 목표인 이 이론가들은 경제적·정치적·문화적 신자유주의 모델의 부정적 결과들을 전면에 드러낼 필요가 있음을 강조한다. 이 새로운 범세계주의는 합리성과 보편성의 가치를 강조하지 않으며, 전통적 범세계주의의 핵심에는 계몽주의와 유럽의 근대성 경험에 연계된 유럽중심주의가 있다고 보며 이 유럽중심주의를 비판한다.

나는 새로운 범세계주의에서 나타나는 유럽중심주의 비판에 공감한다. 그리고 내가 이 장에서 하려는 논의도 새로운 범세계주의가 다루는 상당수의 주제들과 유사하다. 하지만 그 접근법과 관련해 심각한 의구심도 갖고 있다. 우선, 가령 새로운 범세계주의 옹호론자들이 '뿌리내린 범세계주의'***에 대해 말할 때처럼, 범세계주의라는 관념을 그 일반적 의미와 거의 정반대의 의미로 나타내기 위해 재규정하려는 노력이 그리 유용해 보이지는 않는다. 관국가적 연대와 상호성의 필요성을 강조하는 것은 두말할 나위 없이 중요하다. 하지만 그렇게 될 수 있으려면, 새로운 범세계주의 사상가들이 버리고 싶어 하는 추상적 보편주의에 덜 오염된 다른 관념을 사용해야 한다.

Bhabha, Carol A. Breckenridge, and Dipesh Chakrabarty, "Cosmopolitanisms," *Public Culture*, vol.12, no.3, Fall 2000.

*** rooted cosmopolitanism. 특정한 지역·역사·문화 등에 '뿌리를 내린' 범세계주의를 의미하는 용어. 미국의 철학자 콰메 앤서니 애피아 등이 주장하고 있다. Kwame Anthony Appiah, *Cosmopolitanism: Ethics in a World of Strangers*, New York: W. W. Norton, 2006. [실천연구학회 옮김, 『세계시민주의: 이방인들의 세계를 위한 윤리학』, 바이북스, 2008.]

그렇지만 더 중요하게도, 내가 새로운 범세계주의의 문제로 삼는 것은, 새로운 범세계주의 역시, 비록 방식은 다르지만 전통적 범세계주의처럼 적대 차원에서의 '정치적인 것'을 무시한다는 점이다. 새로운 범세계주의는 [국가, 종교, 문화 등에 대한] 충성의 복수성과 소속 형태의 다양성을 승인하는 데 주로 관심을 가지며, 그에 걸맞게 재규정된 범세계주의적 이상이 더 평등한 사회를 건설하는 데 필요한 윤리적 기본 틀을 제공할 수 있다고 여기는 듯하다. 새로운 '다원주의적 보편주의'를 위해 칸트 식 모델의 추상적 보편주의는 거부했지만, 이 접근법에서 찾아볼 수 없는 것은 다원주의의 필연적인 갈등적 특성에 대한 인식이다. 새로운 범세계주의 옹호자들의 다원주의는 내가 '적대 없는 다원주의'라 부르는 경우에 역시 해당된다.

자신들의 [범세계주의적] 전망의 '뿌리내린' 특성을 고집하려는 온갖 노력에도 불구하고, '새로운 범세계주의자들'은 그 특성의 핵심적인 의미로부터 자유로울 수 없는데, ['뿌리내림'과 관련된 자신들의 주장과는 달리] 모든 차이를 넘어선 공통의 소속을 강조하면서 특정한 공동체에 대한 개별적 애착을 약화시킨다. 결국 그들의 보편주의적 관점은 서구적 근대성의 헤게모니를 조장하는 것이다.

적대 차원에서의 정치적인 것을 고려하려면 세계가 보편적 단일체가 아니라 다원체라는 사실을 인정할 필요가 있다. 그러면 다음과 같은 질문이 일어난다. 즉, 우리가 범세계주의 이론가들과는 반대로, 모든 질서는 헤게모니적 질서이며 '헤게모니를 넘어선' 질서는 존재할 수 없다는 사실을 인정한다면, 그리고 또한 초강대국의 헤게모니를 중심으로 조직화된 일극적 세계의 부정적인 결과들을 인정한다면, 과연 그 대안은 무엇인가? 나의 제안은, 헤게모니를 복수화하는 데 유일한 해결책이 있다는 것이다. 우리는 정치적으로 통일된 세계에 대한 망상 같은 희망을 버리고, 다극적 세계의 수립을 옹호해야 한다. 그와 같은 세계 질서는 중심적 권위를 가지지 않은 채 서로 다른 경제적·정치적 모델에 따라 조직화된 복수의 지역 축을 인정한다는 점에서, '경합적'이라고 불릴 수 있을 것이다. 물론 나는 그런 세계가 갈등의 종식을 가져올 것인양 주장하지는 않는다. 하지만 확신컨대, 단 하나의 경제적·정치적 모델이 유일하게 정당한 것으로 제시되고 그 모델이 이른바 합리성과 도덕성에서 우월하다는 명분 아래 모든 당사자에게 강제되는 세계보다는, [다극적 세계에서] 이런 갈등이 덜 적대적인 형태를 취할 것이다.

여기서 중요한 것은, 내가 '경합적' 세계 질서에 대해 이야기하지만, 분명히 말해 그렇다고 나의 경합적 국내 모델을 국제 관계 분야에 '적용'하려는 것은 아니라는 점이다. 내가 하고 있는 작업은 완전히 상이한 이 두 영역 사이에서 모종의 유사성을 이끌어내는 것이다. 두 경우 모두 다원주의에 수반되는 갈등과 '정치적인 것'의 차원을 인정하는 것이 중요한 관건임을 강조하는 데 나의 목적이 있다. 바로 그런 적대의 가능성을 제거할 합의를 이끌어내려고 애쓰는 대신에 적대적 형태를 취하게 될 가능성이 최소화되도록 갈등을 처리할 수 있는 방법을 찾는 것이 국내적 영역과 국제적 영역 모두에서 핵심 과제임을 우리는 깨달아야 한다.

당연히 국내적 영역과 국제적 영역에서의 상황은 매우 다르다. 국내적 수준에서 경합적인 자유민주주의 모델을 실행하는 데 필요하다고 내가 논의해온 것, 즉 공유된 윤리적-정치적 원칙들의 다양한 해석에 근거한 '갈등적 합의' 같은 것이 전 지구적 수준에서는 실현될 수 없다. 그런 합의는 전 지구적 수준에서는 도저히 얻을 수 없는 정치적 공동체의 존재를 전제한다. 사실상, 복수의 헤게모니 블록이라는 측면에서 세계 질서를 구상하려면, 그 블록이 하나의 포괄적인 도덕적·정치적 단위의 일부여야 한다는 관념을 버릴 필요가 있다. 전 지구적 윤리, 전 지구적 시민사회, 그밖에 또 다른 범세계주의적 꿈에 대한 환상은, 국제 관계 분야에서는 오직 만전을 기하는[타산적인] 동의를 기대할 수 있을 뿐이라는 점을 인식하지 못하게 만든다. 전 지구적 조약을 수립해서 국가들 사이의 '자연 상태'를 궁극적으로 극복하려는 모든 시도는 넘어설 수 없는 난관에 봉착한다.

노베르토 보비오의 제도적 평화주의

노베르토 보비오의 '제도적 평화주의' 모델은 이런 난관의 적절한 예들을 제공해준다. 보비오의 범세계주의 접근법은 토머스 홉스의 계약주의를 국가들 간의 관계에 적용하고 있다. 사회적 계약pactum societatis과 복종적 계약pactum subjectionis이라는 홉스 식 구별을 이용해, 보비오는 평화로운 국제 질서의 창출을 위해 맨 처음 필요한 것은 국가들이 서로 간의 분쟁을 해결하기 위한 일련의 규칙들과 더불어 불가침 협정을 통해 서로 간의 영구적인 연합을 수립하는 것이라고 주장한다. 이런 사회적 계약의 단계에 뒤이어, 필요하다면 물리력을 사용해서라도 반드시 동의된 협정을 실질적으로 준수하게 만들 공통의 권력에 대한 각 국가들의 복종이 따라와야 한다(복종적 계약). 보비오는 [이 두 계약과 관련해 국제 질서의] 세 가지 상태를 구별하고 있다. 첫 번째의 격돌 단계는 오직 물리력에 의해서만 갈등이 해결되는 자연 상태에서의 상황을 지칭한다. 두 번째의 경합적 단계는 사회적 계약에 해당하는데, 이 단계에서는 갈등을 푸는 데 있어서 상호 간의 물리력 사용이 배제되고 협상을 통해 갈등을 해결하는 선택이 대신 이뤄진다. 마지막은 평화적 단계로서, 이때 경합적 단계에서 이뤄진 동의를 강제할 수 있는 제3자의 존재와 더불어 복종적 계약이 수립된다.

평화적 단계에서는 국제 관계에서의 자연 상태가 극복된 것을 보게 된다. 보비오가 믿기로, 비록 아직까지 복종적 계약의 단계에는 이르지 못했지만 국제연합의 창설은 그 방향으로 향하는 진일보였다. 보비오는 서로 다른 두 종류의 '심판관'을 구별하자고 제안한다.

> 자신의 최상위적 권위에도 불구하고 (오늘날 여전히 국제법상에서 벌어지고 있는 것처럼) 자신의 결정을 시행할 강제력을 갖고 있지 않은 심판관이 있다. 그리고 복종의 계약을 통해 정당한 물리력의 사용을 단독으로 위임받은 한에서, 자신의 최상위적 권위에 의해 이런 강제력을 승인받은 또 다른 심판관이 있다. 오직 심판관이 강제력을 가지고 있을 경우에만 평화적 단계는 온전히 달성된다.[2)]

현재의 상황을 보면, 국제연합은 자신이 무력한 제3자적 심판관의 처지에 있음을 알고 있다. 이렇게 된 이유는 국가들이 여전히 주권을 유지한 채, 자신들이 독점하고 있는 물리력을 강제력에 대한 배

---

2) Norberto Bobbio, "Democracy and the International System," *Cosmopolitan Democracy: An Agenda for a New World Order*, ed. Daniele Archibugi and David Held, Cambridge: Polity Press, 1995, p.25.

타적 권리를 부여받은 공통의 권위에 아직까지 넘기지 않았기 때문이다. 보비오가 보기에, 평화적인 국제 체제를 위해서는 최상위의 국제적 권위의 수중에 군사력이 집중되어 경합적 단계에서 평화적 단계로의 이행이 완수되어야 한다.

비록 홉스에게서 영감을 받았지만, 보비오의 기획은 두 가지의 중요한 측면에서 홉스와는 다른 길을 간다. 『리바이어던』이 그 모델을 제공한 복종의 계약은 오직 일국 안에서만 존재할 수 있는 것이었다. 홉스는 자연 상태에서 시민들의 연합[시민사회]civil union으로의 진행이 국제 관계의 수준에서는 가능하지 않다고 단언하면서, 국가들 간의 사회적 계약과 복종적 계약의 가능성을 모두 반복적으로 부인했다. 더구나 홉스가 말한 국가란 전제적인 성격의 것이었다. [하지만] 보비오는 더 나아간다. 보비오는 이 모델을 국가들 간의 관계에 적용하기를 원할 뿐만 아니라, 제3자 역시 민주주의적 형태를 갖추기를 원한다. 바로 그렇기 때문에 보비오는 이 강제력을 최상위체에 위임하는 것이 민주주의적 절차에 근거한 보편적 동의의 결과여야 한다고 고집한다.

따라서 보비오는 평화와 민주주의는 밀접하게 연관되어 있다고 역설한다. 억압적이지 않아야 할 국제적 리바이어던의 권력에 있어서 중요한 것은, 국제적 물리력을 합법적으로 독점한 '초국가'를 수립하는 계약의 원천인 국가들이 헌법에 충실하게 시민의 기본권을 보호하는 민주주의 국가여야 한다는 점이다.

그러나 문제는 여전히 남아 있는데, 현존하는 모든 국가가 민주적이지는 않다는 것이다. 이 문제 때문에 보비오는 자신이 공개적으로 인정하는 난관에 봉착하게 된다.

> 나는 내 모든 주장이 영구 평화는 동일한 정부 형태(집합적 결정이 인민에 의해 이뤄지는 공화적 정부 형태)를 지닌 국가들 사이에서만 실현될 수 있다는 칸트적 관념에서 영감을 얻고, 국가들의 연합 역시 형태상 공화적이어야 한다는 관념이 가미된 추측에 기반하고 있음을 잘 알고 있다. …… 모든 추측이 그렇듯이, 나의 테제들도 '만일 ~그렇다면'이라는 가설적 명제로만 표현되어야 할지 모른다. "만일 모든 국가가 공화주의적이라면, 만일 모든 국가의 사회가 공화주의적이라면, 그렇다면……." [결국] 이 '만일'이 걸림돌이다.[3]

사실상 보비오는 자신이 다음과 같은 방식으로 정식화한 악순환에 빠져 있다.

> 완전히 민주화된 국제 사회에서만 국가는 민주주의적이 될 수 있지만, 완전히 민주화된 국제 사회는 자신을 구성하는 모든 국가가 민주주의적이라고 전제한다. 한 과정의 완수가 다른 과정의 비-완수로 가로막힌다.[4]

그런데도 보비오는 미래에 대해 희망적이다. 자신이 보기에 민주주의 국가의 수가 늘고 있기 때문이다. 보비오는 그러므로 국제 사회의 민주화 과정이 틀림없이 진행 중이라고 믿는다.

---

3) Bobbio, "Democracy and the International System," p.38.

4) Bobbio, "Democracy and the International System," p.39.

⚜

이런 낙관적 제안에 동의하지 않는 사람들이 많이 있는데, 그 중 한 명이 로버트 케이건이다. 케이건은 자신의 책 『돌아온 역사와 깨진 꿈』에서 자유주의 정부와 전제주의 정부 사이의 전 지구적 경쟁이 앞으로 수년 내에 격화될 가능성이 있다고 주장한다.[5] 물론 케이건은 미국의 헤게모니 유지에 관심을 두고 있는 신보수주의자이다. 그러나 좌파 쪽의 많은 사람들 역시 미래에 대한 보비오의 낙관적 관점에 회의적이다. 그들은 세계화가 흔히 '국제적 공동체,' '전 지구적 시민사회' 같은 관념들 속에서 요구된 것인데도 불구하고, 정작 정치적으로 통일된 세계를 실질적으로 생산하지 못하고 있다고 주장해왔다. 세계는 '평평'하거나 '매끄럽게' 되어가는 대신 점점 더 홈이 패어지고, 상이한 지역들 사이의 수많은 단층선들이 심화됐다는 것이다. 다닐로 졸로는 이렇게 주장한다. "근대화와 수렴의 이론가들이 쏟아낸 지나치게 자신만만한 주장들에도 불구하고, 세계화는 문화적으로 동질화된 세계를 창출하지 못하고 있다. 왜냐하면 세계화는 정반대로 민족과 종족 집단에 뿌리를 둔 문화적 코드의 동일성을 확고히 하는 배타주의적 반응을 불러왔기 때문이다."[6]

---

5) Robert Kagan, *The Return of History and the End of Dreams*, New York: Vintage, 2009. [황성돈 옮김, 『돌아온 역사와 깨진 꿈』, 아산정책연구원, 2015. 미국의 외교정책 전략가인 로버트 케이건(1958~)은 네오콘의 심장부 역할을 한 '새로운 미국의 세기를 위한 프로젝트'(1997~2006)의 공동 창립자로, 2001년 9·11 이후 테러와의 전쟁으로 대표되는 부시 행정부의 일방적 강경 외교 정책의 뼈대를 설계했다. 이후 2009년에 설립된 네오콘의 싱크탱크 '외교정책구상'에 가담한 케이건은 중국과 러시아의 급부상을 경고하면서 이들과 대결하기 위해 미국이 헤게모니적 위치를 지니는 민주주의 국가 동맹을 구축해야 한다고 주장했다.]

졸로에 따르면, 우리가 목격하고 있는 것은 '통합 없는 문화적 동질화'로 이해되는 서구화의 과정이다. 현재 일어나고 있는 일은, 보비오가 주창하는 전 지구적 정치 체제의 '계약주의적' 통일이라는 기획 대신에 헤게모니적 통일에 대한 시도이다. 그리고 이런 시도야말로 폭력적인 형태의 저항이 점점 증가하는 연원인 것이다.

하지만 핵심적인 문제는 낙관주의냐 비관주의냐가 아니다. 오히려 우리는 쟁점을 다른 방식으로 다뤄야만 한다. 내가 주장해온 것처럼 모든 질서가 필연적으로 헤게모니적 질서라면, 분명한 점은 이 세계가 정치적으로 통일된다 하더라도 그런 일은 중심 권력의 헤게모니 아래에서만 이뤄질 수 있다는 것이다. 보비오가 말하는 (제3자적 심판관이 국가들 간의 갈등을 해결할 강제력을 갖게 되는 것에 대해, 모든 국가가 복종의 계약 속에서 민주주의적 절차를 통해 동의함으로써 창출된) 민주주의적인 국제적 리바이어던은 결국 전 지구적 패권국의 형상을 띨 수밖에 없다.

보비오가 주창하는 민주주의적 세계 질서는 사실상 보편주의라는 이름으로 전 세계에 서구식 민주주의 모델이 강요되는 일극적 세계이다. 이것은 심각한 결과를 가져올 텐데, 이미 우리는 세계를 동질화하려는 작금의 시도가 서구식 모델의 강요된 보편화에 의해 자신들의 특정 가치와 문화를 위협받는 사회로부터 어떻게 폭력적 반응을 불러일으키고 있는지를 목격하고 있다. 소련의 소멸로 등장한 일극적 질서가 더 평화로운 세계를 위한 조건들을 창출하기는커녕, 사실상 새로운 적대를 출현시켰다는 점을 부인할 수는 없다.

---

6) Danilo Zolo, *Cosmopolis*, Cambridge: Polity Press, 1997, p.135.

다극적이고 경합적인 세계에는 어떤 민주주의가 필요한가?

민주주의에 관한 나의 접근법이 가져오는 귀결은 무엇인가? 다극적 질서 속에서 민주주의는 어떻게 될 것인가? 다극적인 경합적 세계에 대한 나의 제안은 민주주의가 전 세계적으로 확립될 수 있다는 관념을 결국 포기하게 만드는가? 이것이 바로 지금 내가 다루려고 하는 문제이다.

분명한 사실은 다극적 세계라고 반드시 민주주의적 세계이지는 않을 것이라는 점이다. 다극적 세계의 몇몇 극들은 상이한 정치적 원리들을 중심으로 조직될 수도 있으며, 그러기에 대립적인 정치 체제들의 공존은 불가피하다. 물론 우리는 이미 이런 상황을 목격 중이다. 분명 민주주의적이라고는 볼 수 없는 중국이 틀림없이 중요한 역할을 하게 될 다극적 세계를 향해 첫 걸음을 내딛고 있는 중이므로. 설령 거기에 속한 모든 지역 축이 민주주의적으로 조직되어 있지 않더라도, 적대가 극단적인 형태로 출현하는 것을 조장하지는 않을 것이기에 다극적 세계가 일극적 질서보다 더 낫다고 나는 믿는다.

그렇다고 어느 날 민주주의가 전 세계적으로 확립될 수 있을 것이라는 가능성을 버릴 필요는 없다. 하지만 이 문제는 일반적인 방식과는 전혀 다른 방식으로 구상되어야만 한다. 우리는 민주화 과정이 서구식 자유민주주의 모델의 전 지구적인 구현 속에서 이뤄져야 한다고 주장하기를 단념해야만 한다. 다극적 세계에서 민주주의는, 민주주의적 이상을 다양한 맥락으로 기입하는 상이한 양식들에 따라 다양한 양태를 취할 수 있다.

『민주주의의 역설』에서 내가 논의한 것처럼, 자유민주주의는 서로 다른 두 가지 전통을 결합한 하나의 절합이다. 즉, 개인의 자유와 보편적 권리를 강조하는 자유주의와, 평등과 '인민에 의한 지배,' 즉 인민 주권의 이념을 특권화하는 민주주의 말이다.[7] 이런 절합은 필연적인 것이 아니라 우연적인 것으로, 특정한 역사의 산물이다. 자유민주주의 모델은, 그 자체의 특정한 인권 개념과 더불어, 종종 지적되어왔듯이 유대-기독교적 전통이 중심적인 역할을 하고 있는 기존의 문화적·역사적 맥락의 표현이다. 이런 민주주의 모델이 우리의 삶의 형태를 구성하고 있으며, 이것은 틀림없이 우리가 헌신할 만한 가치가 있다. 그렇지만 이 모델을, 인간의 공존을 조직하는 유일하게 정당한 방법으로 제시하거나 다른 나머지 세계에 강제하려고 애쓸 이유는 전혀 없다. 서구 사회에서 지배적인 개인주의 같은 것이, 상이한 가치들로부터 영향을 받은 다른 많은 문화들의 전통과는 이질적일 것임에 틀림없다. 그러므로 '인민에 의한 지배'로 이해되는 민주주의는 다른 형태, 예컨대 개인의 자유라는 이념보다 공동체의 가치에 더 의미를 두는 형태를 취할 수도 있다.

정치 이론의 여러 상이한 경향들 속에서 보이는 지배적 관점은, 서구의 자유민주주의 모델만이 인권을 구현할 수 있는 유일한 제도적 틀이기 때문에 도덕적 진보의 측면에서 이 모델을 받아들일 필요가 있다고 역설한다. 이런 테제를 우리는 거부해야 하지만, 그렇다고 꼭 인권이라는 관념을 단념해야 한다는 말은 아니다. 인권의 역할은 사실상 지속될 텐데, 다만 해석의 복수성을 허용하는 방식으로 인권을 재정식화하는 조건 위에서 그렇게 되어야 할 것이다.

---

7) 이에 대해서는 다음을 참조하라. Chantal Mouffe, "Introduction: The Democratic Paradox," *The Democratic Paradox*, London: Verso, 2000, pp.1~ 16. [이행 옮김, 「서론: 민주주의의 역설」, 『민주주의의 역설』, 인간사랑, 2006, 13~34쪽.]

이 쟁점에 관해 레이문도 파니카의 연구는 중요한 통찰을 제공한다. 「인권이라는 관념은 서구적 개념인가?」라는 논문에서 파니카는, 인권의 의미를 이해하기 위해서라면 이 인권 관념이 우리의 [서구] 문화 속에서 행하는 기능을 면밀하게 검토할 필요가 있다고 역설한다.[8] 그렇게 하면 [인권의] 그 동일한 기능이 다른 문화 속에서 상이한 방식으로 실행되는지 아닌지의 여부를 알아낼 수 있게 될 것이라고 파니카는 말한다. 파니카는 자신이 인권의 '동질이형적'homeomorphic 관념이라 부르는 것, 즉 다른 문화들 속에 인권과 등가적으로 기능하는 관념이 존재할 가능성을 조사하자고 촉구한다. 서구 문화를 살펴보면, 인간의 존엄성을 승인하기 위한 기본적인 준거를 제공해주는 것이자 올바른 사회적·정치적 질서를 위한 필수 조건인 것으로 인권이 제시되고 있음이 확인된다. 따라서 우리가 질문해야 할 문제는 다른 문화들이 이 동일한 물음에 대해 상이한 대답을 제공하는지 아닌지의 여부이다.

일단 사람의 존엄성이 인권에서 관건임을 인정한다면, 이 질문에 다른 방식으로 대답할 수 있을 뿐만 아니라 이 질문을 다른 방식으로 구상할 수 있는 가능성이 분명해진다. 사실 서구 문화가 '인권'이라 부르는 것은 사람의 존엄성을 단언하는 특정한 문화적 형태로, 이 형태가 유일하게 정당한 것이라고 선언한다면 대단히 경솔한 일이 될 것이다. 많은 이론가들은, 이 인권 개념이 어떻게 근대의 자유주의적 개인주의에는 적합하지만 다른 문화들에서는 사람의 존엄성이라는

8) Raimundo Panikkar, "Is the Notion of Human Rights a Western Concept?," *Diogenes*, no.120, Winter 1982, pp.81~82.

문제를 파악하는 데 부적합할 수도 있는 도덕적 이론화 방식에 기대어 '권리'라는 측면에서 정식화됐는지를 지적해왔다.

예를 들어 프랑수아 줄리앙에 따르면, '권리'라는 이념은 주체가 그 자신의 삶[생명]을 유지하는 데 필요한 맥락으로부터 자유로워짐을 특권화하며, 주체가 다층적인 사회적 관계 속에서 통합되는 것의 가치를 인정하지 않는다. 이것은 종교적 차원[에서의 절대적인 것]을 포기하고 개인을 절대적인 것으로 제시하는 [자유주의적 개인주의의] 방어적 접근법에 부합한다. 줄리앙은 인간을 나머지 자연 세계로부터 고립된 존재로 생각하지 않는 고대 인도의 사유 속에서는 '인간의 권리'라는 개념이 어떤 반향도 얻지 못한다고 지적한다. 유럽 문화에서는 '자유'가 최종 잣대인 반면, 인도에서 중국에 이르기까지 극동 지역에서의 최종 잣대는 '조화'이다.[9]

이와 동일한 사유의 선상에서, 파니카는 인권 개념이 잘 알려진 일련의 전제들, 즉 모두 분명하게 서구적인 전제들에 어떻게 의존하고 있는지를 보여준다. 파니카는 이 전제들을 다음과 같이 식별한다. 합리적 방법을 통해 알 수 있는 보편적인 인간 본성이 존재한다, 이 인간 본성은 본질적으로 현실의 나머지 것과 다르며 이보다 더 상위의 것이다, 개인은 사회와 국가로부터 반드시 보호되어야 하는 절대적이며 환원 불가능한 존엄성을 지닌다, 이런 개인의 자율성을 위해서는 사회가 자유로운 개인들의 총합으로서 비위계적인 방식으로 조직되어야 한다. 파니카가 주장하듯이, 이 전제들은 모두 확실히 서구

---

9) François Jullien, "Universels, les droits de I'homme?," *Le Monde Diplomatique*, February 2008, p.24.

적이자 자유주의적이며 다른 문화들에서의 인간 존엄성에 대한 다른 개념화들과도 구별될 수 있다. 예컨대 '사람'이라는 관념과 '개인'이라는 관념이 반드시 서로 포개질 필요는 없다. '개인'은 서구의 자유주의 담론이 자아 개념을 특정한 방식으로 정식화한 것이다. 그러나 다른 문화들은 이 자아를 다른 방식으로 구상한다.

이런 고찰에서 비롯되는 여러 결과들이 있다. 가장 중요한 것 중 하나는 우리가 다음의 사실을 인식해야 한다는 점이다. 즉, 서구의 자유주의 담론에서 상당히 중심적이며 인권을 이해하는 데 핵심이 되는 '자율성'이라는 관념이, 개인주의적이기보다는 협력적으로 의사결정이 이뤄지는 다른 문화들에서는 [서구에서와] 동일하게 우선시되지 않는다. 이 말은 그런 문화들이 사람의 존엄성과 정의로운 사회질서를 위한 조건에 관심을 두지 않는다는 의미가 아니다. 그 문화들이 해당 문제들을 다른 방식으로 다룬다는 것을 의미한다.

바로 그렇기 때문에, 파니카가 피력했듯이, 동질이형적 등가물을 살펴보는 것이 필요하다. 서구에서 인권을 이해하는 것과는 다른 방식으로 인간의 존엄성을 구상하는 사회는 민주주의적 제도들의 성격과 역할 또한 다른 방식으로 구상한다. 그러므로 [인권이 지닌] '가치의 다원주의'를 그것의 다층적 차원에서 진지하게 받아들이려면 문화, 삶의 형태, 정치 체제의 다원주의를 고려할 여지가 있어야 한다. 이 말은 '인권'에 대한 이해들의 복수성을 승인하려면, 이에 덧붙여 민주주의 형태의 복수성도 승인해야 한다는 의미이다.

인권 다음으로, 민주주의에 대한 논쟁에서 논란이 되는 또 다른 쟁점은 세속화/세속주의의 본성과 관련된다. 우리는 서구에서조차도 민주주의와 세속 사회의 관계에 대한 논란이 여전히 계속되고 있다는 사실을 인식해야 할 것이다. 가령 호세 카사노바가 보여준 것처럼, 세속 사회의 본성이나 세속주의와 근대성의 연관을 서로 다른 방식으로 구상하는 유럽과 미국 사상가들 사이의 논쟁은 교착 상태에 빠져 있다.[10] 한편에는 종교 제도들의 사회적 영향력 감소, 종교적 신념과 실천의 쇠퇴가 근대화 과정의 필수적인 구성요소라고 생각하는 유럽의 사회학자들이 있다. 다른 한편에는 미국인들의 종교적 신념과 실천에서 어떤 쇠퇴의 조짐도 보이지 않는다는 이유로 세속화 이론을 거부하는 미국의 종교사회학자들이 있다.

일반적으로 제기되는 질문은 세속화가 근대성의 필수적 특징인지의 여부이다. 세속화를 근대 자유민주주의 정치의 전제 조건으로 봐야만 하는가? 나는 이 질문을 잠시 제쳐두려고 한다. 다음과 같은 다른 쟁점을 다뤄보고 싶기 때문이다. 우리가 서구적 민주주의의 맥락 안에서 저 질문에 긍정적으로 대답하더라도, 그것은 곧 세속화가 모든 민주주의 형태의 규범적 조건이라는 의미인가? 또는 그런 세속화의 과정이 일어나지 않은 민주주의 사회의 가능성을 구상해서는 안 되는가? 카사노바는 이렇게 묻고 있다. "특정한 역사 발전론으로서의 세속화 이론이 전 지구적 근대화의 일반 이론과 분리될 수 있는가? 비서구적, 비세속적 근대성이 존재할 수 있는가?"[11]

나는 이와 연관이 있긴 하지만, 한 가지 다른 질문을 제기하고 싶다. 비서구적, 비세속적 형태의 민주주의가 존재할 수 있는가? 많은

10) José Casanova, "Rethinking Secularization: A Global Comparative Perspective," *Hedgehog Review*, vol.8, no.1/2, Spring/Summer 2006, pp.7~22.

11) Casanova, "Rethinking Secularization," p.10.

사람들이 단언하는 것처럼 유럽적인 세속화 개념이 미국에 대해 딱히 타당하지 않다면, 매우 다른 유형의 사회 조직을 지닌 다른 문명들에 대해서는 훨씬 더 타당하지 않을 것임이 분명하다. 가령 유교나 도교 같은 속세적인 종교에 대해 이 세속화가 무슨 타당성을 가질 수 있겠는가? 카사노바의 지적처럼, 유교나 도교의 초월성 모델은 '종교'라 불리기 매우 어려우며, 교회 같은 조직을 갖추고 있지도 않다. 어떤 면에서 유교나 도교는 늘 '속세적'이었으며, 그래서 세속화 과정을 겪을 필요도 없다.[12]

또 다른 관련 논쟁은 계몽의 본질에 관한 정치사상사가들 사이의 논쟁이다. 이 논쟁은 [단 하나의 계몽주의가 아니라] 서로 경쟁하는 계몽주의들이 존재했으며, "계몽이란 무엇인가?"라는 질문에 대해서도 여러 가지 답변이 가능했다는 점을 전면에 부각시켰다. 예컨대 이안 헌터는 칸트의 형이상학적 접근법으로 대표되는, 단 하나의 포괄적인 독일 계몽주의란 존재하지 않았다고 주장해왔다. 자신의 책 『경쟁적 계몽주의들: 근대 초기 독일의 시민 철학과 형이상학적 철학』에서 헌터는 사무엘 푸펜도르프와 크리스티안 토마시우스로 대표되는 대안적이며 비초월적인 '시민' 계몽주의를 재구성하는데, 이들이 제한한 이 계몽주의는 종교와 정치의 관계나 정치적 의무의 근거를 매우 상이한 방식으로 다뤘다.[13] [당시] 헤게모니를 획득한 것은 칸트와 G. W. 라이프니츠의 형이상학적 접근법이었고, 그들의 견해가

12) Casanova, "Rethinking Secularization," p.13.

13) Ian Hunter, *Rival Enlightenments: Civil and Metaphysical Philosophy in Early Modern German*, Cambridge: Cambridge University Press, 2001.

일반적인 것으로 인정받았다. 하지만 헌터는 이 사실이 그 접근법의 우월적 합리성을 나타내는 것으로 봐서는 안 된다고 말한다. 헌터로서는, 형이상학적 전통을 '반정치적'이라 간주하며 정치 세계에 대한 더 적절한 개념화를 시민적 전통 속에서 발견한다.

오늘날 점점 더 많은 이론가들이 세속주의를 종교의 역할과 관련해 탈기독교적인 방식으로 제시하고 있다. 그들은 세속주의를 프로테스탄트적인 관점에서의 종교의 본성이나 공과 사의 분리 필요성에 영향을 받은 계몽주의 개념으로 특징화한다. 그렇다면 이 경우에, 무슨 근거에서 이런 분리가 모든 민주주의 형태의 필수 요소여야 한다고 주장할 수 있는가? 서구가 밟은 경로만이 유일하게 가능하고 정당한 경로는 아니라는 점을 받아들여서는 안 되는가? 비서구 사회는 자신들의 문화적 전통과 종교의 특수성에 따라 [서구 사회와는] 다른 궤적을 밟아갈 수 있다.

이런 사고방식을 좇아서, 제임스 탈리는 칸트적 전통 속에서 초월적 문제로 정식화된 계몽의 본성은 탈초월화되어야 하며, 역사적 문제로 재정식화되어야 한다고 주장해왔다.[14] 또한 이런 논의가 유럽 내에서의 경쟁적인 개념화들에만 국한되지 말아야 하며, 비서구적 계몽주의들과의 폭넓은 대화로 확장되어야 한다고 제안한다. 탈리의 입장은 특히 찰스 테일러, S. N. 아이젠슈타트, 데이비드 마틴, 피터 와그너가 표명한 '다층적 근대성들'이라는 접근법과 유사하다. 이 접근법의 핵심적인 생각 중 하나는, 우리가 근대성이라고 인식하

14) James Tully, "Diverse Enlightenments," *Economy and Society*, vol.32, no.3, August 2003, pp.485~505.

는 것과 같은 획기적 이행이 다른 문명들에서도 일어났으며 상이한 결과를 낳았다는 것이다. 따라서 근대성은 다층적 해석의 여지가 있는 열린 지평처럼 여겨져야 한다.

경쟁적 계몽주의들과 다층적 근대성들에 대한 논의에서 중요한 것은, 이 논의가 서구가 자신의 발전 경로를 표본으로 특권화해 전파한 지배적 서사의 정치적 역할을 전면에 드러낸다는 점이다. 나는 "유럽이 '근대적'이라는 형용사를 취득한 것 자체가 바로 유럽 제국주의 역사의 빠질 수 없는 부분"[15]임을 반드시 인식해야 한다는 디페쉬 차크라바티의 주장에 동의한다. 민주주의의 경우를 보면, 서구적 민주주의 형태를 '근대적'이라고 제시하는 것은 자유민주주의 이론가들이 서구적 민주주의 형태의 우월한 합리성과 보편적 타당성을 확고히 하기 위해 한동안 사용한 강력한 수사학적 무기였음이 분명하다. 국제법에 관한 자신의 책에서 "합리적 제국주의는 냉소적 제국주의의 허울임이 밝혀졌다"[16]고 적시했을 때, 마르티 코스케니에미는 이와 관련된 지점을 또 다른 맥락에서 강조한 셈이다.

이런 주장들은 좌파에게 대단히 중요한 쟁점으로, 서구적 발전 형태의 우월성에 대한 지배적 서사에 문제를 제기하는 것은 중요한 일이다. 그 자체의 인권이라는 특정한 용어와 세속주의 형태를 지닌 자

---

15) Dipesh Chakrabarty, *Provincializing Europe*, Princeton: Princeton University Press, 2000, p.43. [김택현·안준범 옮김, 『유럽을 지방화하기: 포스트 식민 사상과 역사적 차이』, 그린비, 2014, 115쪽.]

16) Martti Koskenniemi, *The Gentle Civilizer of Nations: The Rise and Fall of International Law 1870-1960*, Cambridge: Cambridge University Press, 2002, p.500.

유민주주의 제도가 특정한 문화적 맥락에서의 우발적인 역사적 절합의 결과라는 것을 인정한다면, 우리는 이 제도가 민주주의의 필수 조건으로 제시될 만한 이유가 전혀 없음을 깨달을 수밖에 없다. 내가 바로 앞 장에서 정치 이론 분야에 대해 고찰했던 결론을 끌어오자면, 인민에 의한 지배라는 민주주의적 이상의 다층적 절합들, 종교와 정치가 다른 관계를 가질 수도 있는 그런 절합들의 가능성을 구상하는 다원주의적 접근법을 취할 필요가 있다.

세계 곳곳에서 지식인과 활동가들은 저마다의 문화와 종교적 전통 속에 새겨진 토착적 민주주의 형태들을 정교화하려고 노력하면서 이미 이런 고찰들에 참여하고 있다. 이슬람의 경우, 노아 펠드먼은 법의 지배에 충실하면서도 샤리아*에 근간을 둔 헌정 질서를 어떻게 구상할 것인지가 많은 이슬람 사상가들에게 핵심 문제라는 것을 우리에게 보여준다. 펠드먼은 이슬람 법과 가치에 의해 통치되는 민주주의적 이슬람 국가에서 신의 주권이 인민 주권이라는 민주주의 원칙과 조화될 수 있는 방법을 그려보는 상이한 시도들을 검토한다.

펠드먼의 지적에 의하면, 이슬람교의 주류는 샤리아와 민주주의의 양립 가능성을 받아들이지만, 그 조화의 메커니즘에 관해서는 차

* shari'a. 신에 대한 귀의와 복종의 길을 의미하는 아랍어. 신의 뜻을 종교 생활뿐만 아니라 가족·사회·경제·정치 등 삶의 모든 정황에 적용하기 위해 만들어진 이슬람 공동체의 기본 율법으로, 9세기 말 다수의 이슬람 법학자들에 의해 법과 판례로 체계화됐다. 오늘날 많은 이슬람 국가들이 사회적 변화에 따라 샤리아의 형법과 민법을 폐지하고 이것을 유럽적인 세속법으로 대체하거나, 남아 있는 가족법에서조차도 샤리아의 적용을 엄격히 법제화하는 경향이 있는 게 사실이지만, 샤리아는 여전히 종교와 세속의 경계가 없는 이슬람 세계를 관통하는 율법이자 규범으로서 개인과 사회 전반에 큰 영향을 끼치고 있다.

이가 존재한다. 가장 두드러진 해법은 "이슬람 국가의 헌정 구성에 있어서 인민 주권을 확립하기보다는 신의 주권을 인정하고, 이 신의 주권을 사용해 이슬람 법을 제정하는 것이다. 이 이론적 모델에서 인민은 고전적 헌정 질서에서 통치자가 행한 것과 같은 기능을 한다. 즉, 신이 명령해온 것을 실행할 책임을 받아들인다."[17]

일부의 해석에 따르면, 샤리아 조항들의 제정을 책임지는 민주적으로 선출된 입법부는 헌법에 규정된 이슬람 사법 심사 절차의 감독을 받아야 한다. 펠드먼은 이런 민주주의적 이슬람 국가의 설립이 부딪힐 어려움을 무시하지 않는다. 하지만 서구에서 이런 기획을 민주주의에 대한 위협으로 본다거나, 이런 방식으로 생각하는 사람들의 정당성을 훼손하려는 것은 실책이 될 것이라고 주장한다.

최근의 국면 속에서, 즉 [2011년 '아랍의 봄'을 통해] 중동의 여러 독재 정권이 붕괴한 이후, 펠드먼의 이런 조언은 특히 시의 적절해 보인다. 튀니지나 이집트 같은 국가에서 현재 집권 중인 이슬람 정당들은 인민들의 가치관에 부합하고 그들의 전통을 존중하는 민주주의 제도들의 설립이라는 거대한 도전에 직면해 있다. 새로운 헌정을 수립하려는 움직임과 더불어, 세속주의 문제가 화급한 현안이 됐다. 여기서 대단히 중요한 점은, 서구의 지식인과 정치인들이 서구 모델을 강요하지 않으면서, 이들 국가가 자신들에게 적합한 제도를 정교화하게 놔두는 것이다. 이슬람 정당의 많은 사상가와 활동가는 종교와 국가의 관계를 다시 생각해야 할 필요성을 깨닫고 있으며, '시민

17) Noah Feldman, *The Fall and Rise of the Islamic State*, New Jersey: Princeton University Press, 2008, p.119.

국가'의 역할에 대해서도 많은 논의가 이뤄지고 있다. 타리크 라마단의 지적에 따르면, 이런 논의는 "이슬람 지도자들이 성가신 짐짝이라는 부정적 함의로 낙인찍힌 '이슬람 국가'라는 이념을 확실하게 끌고 가면서도, 이슬람 세계 안에서 서구화의 약칭처럼 간주되는 '세속주의'라는 통념과도 거리를 두려고 한다"는 사실을 보여준다.[18] 바라건대, 이슬람주의자들과 세속주의자들의 대결이 적대적 형태가 아닌 경합적 형태를 취하고, 그들 사이에서 공통의 지형이 발견되어 '갈등적 합의'의 토대가 주어졌으면 한다. 라마단이 경고하듯이, 두 진영 간의 극단화가 커질수록 이 국가들은 자신들이 현재 직면한 크나큰 경제적·사회적 문제들을 제대로 다루지 못하게 된다.

민주주의를 어떻게 구상할 것인지의 문제가 전 세계적으로 제기되고 있다. 각각의 경우에 그 해결책은 특정한 상황과 문화적 전통을 고려해야 할 것이다. 아시아와 관련해서는, 인민 주권이라는 민주주의적 원리를 유교·도교와 조화시키는 것이 도전 과제들 중 하나가 될 수도 있다. 흔히 '아시아적 가치'라는 이념은, 권위주의적 통치자들이 그들 자신의 지배를 정당화하는 구실로 사용한다는 이유에서 거부된다. 경우에 따라서는 실제로 이런 주장이 얼마간 진실일 수 있겠지만, 그렇다고 이런 통념을 완전히 무시해서는 안 될 것이다.

아프리카와 관련해 자주 지적되어온 것은, 많은 아프리카 국가가 안고 있는 조건들이 옛 식민 지배자들에 의해 그곳에 남겨진 부적절한 정치 체제의 결과라는 점이다. 통상적으로 독립은 그 국가들을 안

18) Tariq Ramadan, *The Arab Awakening: Islam and the New Middle East*, London: Allen Lane, 2012, p.115.

정적인 국민국가가 아니라, 옛 식민 권력에 기반을 두고 있는 의회에 부담이 되는 [서로 다른 여러] 종족들의 세력권이 얽힌 조각보처럼 만들어놓았다. 수많은 종족, 언어, 관습, 문화를 지닌 이들 국가에서 다당제 민주주의는 분열을 야기하고 정치를 완전히 파편화시켰다. 많은 전문가들은 아프리카의 관습에 더 잘 맞는 민주주의 형태가 필요하며, 아프리카 국가들을 단결시키고 그 국가들의 발전을 촉진하는 데 거국일치 정부가 더 적합할 수도 있다고 인식한다.

잭 구디는 독립 이후 아프리카 국가들이 처한 곤경을 언급하면서 다음과 같이 지적한다.

> 많은 신생 국가들의 주된 정치적 문제는 민주주의로의 전환이 아니라, 이전에는 전혀 가져본 적 없던 [국가적 단위의] 영토에 중앙 정부를 수립하는 일이었다. 이것은 원시적 특성, 즉 부족적이거나 종교적 특성에 따라 규정되는 집단들을 포괄하는 국가에서는 여전히 어려운 문제로, 이것이 서구적 의미에서의 '정당' 통치 수립을 방해할지도 모른다. 하지만 이런 문제에 가로막혀 그 집단들이 자체적으로 자신들만의 대의적('민주주의적') 절차를 갖지 못하는 것은 아니다.[19)]

당연히 이 문제들 모두 상당한 논란거리이지만, 이것들을 해결하는 것이 나의 의도는 확실히 아니다. 나는 그럴 만한 능력도 없거니와,

---

19) Jack Goody, *The Theft of History*, New York: Cambridge University Press, 2006, p.249.

세계 다른 지역에서 민주주의가 어떤 모습이어야 하는지를 결정하는 것이 서구의 정치 이론가들에게 달린 일도 아니라고 굳게 믿는다. 우리가 할 수 있는 일은 현재 서구에서 해석되는 자유민주주의, 즉 개인주의적 인권 개념을 동반하는 다당제 선거 민주주의와 으레 자유 시장 정책만이 유일하게 정당한 민주주의라는 서구의 주장을 비판하는 것이다. 많은 이들이 장려하거나, 필요하다면 강제까지 해야 할 도덕적 의무가 있다고 주장하는 그 모델을 말이다. 자유민주주의의 맥락적 성격을 전면에 드러내고 그 보편주의적 가식을 비판함으로써, 정치 이론가들은 민주화에 서구화가 필요하다는 위험천만한 명제에 도전하도록 돕는, 대단하지는 않지만 유용한 역할을 할 수 있다.

세계를 다원체로 구상하는 데 도움이 되는 의미 있는 통찰들을 클로드 레비-스트로스의 연구에서 찾아볼 수 있는데, 레비-스트로스는 문명이란 다양성을 최대한 제공하고 그 독창성을 유지하는 문화들의 공존을 함의한다고 강력히 주장해왔다. 레비-스트로스가 보기에 [한 문명이 그 안에] 상이한 문화들을 가지는 것의 결정적 가치는, 그 자신이 문화들 사이에 존재하는 '변별적 편차'écarts différentiels라고 부르는 것에 있다. 레비-스트로스는 동질성과 획일성에 의해 위협받는 세상에서 문화의 다양성을 보존할 필요가 있다고 강조한다. 보편주의자들에 맞서, 레비-스트로스는 인류의 그 어떤 일부도 세상 전부에 유효한 공식을 지니고 있지 않으며, 인류가 단일한 삶의 양식으로 통일된다면 인간의 문화는 완전히 경직화될 것이기 때문에 그런 일은 상상조차 할 수 없음을 인정하라고 우리에게 촉구한다.[20)]

---

20) 다음을 참조하라. Claude Levi-Strauss, *Race et histoire*, Paris: Denoël, 1987.

레비-스트로스는 문화를 어떤 통일된 실체의 필연적 표현 같은 것으로 개념화하는 본질주의적 관점을 옹호하지 않는다. 그렇다고 다른 문화와 구별될 수 있고 그 자체만의 독창성을 구성하는 고유의 성격이 [각각의] 문화에 있다는 점을 인식하지 않는 것은 아니다. 바로 이것이 '변별적 편차'라는 용어를 가지고 레비-스트로스가 의도하는 바이다. 즉, 이 용어는 문화의 동일성이 미리-주어진 본질이 아니라 다른 문화와의 변별 속에서 발견된다는 점을 보여준다.

단순히 차이가 아니라 '변별성'의 측면에서 생각하는 것, 이것이야말로 이 '변별적 편차'라는 용어가 제시하는 것이다. 프랑수아 줄리앙이 자신의 책 『보편적인 것에 관하여』에서 지적한 것처럼, '변별성'과 '차이'를 구별하는 것이 중요한 이유는, 변별은 자신이 분리시킨 것을 긴장 상태에 두기 때문이다. [요컨대] 변별은 공통된 불변항의 단순한 변형으로 환원될 수 없는 다른 가능성들이 어떻게 존재할 수 있는지를 보여주는 것이다.[21)]

내가 옹호하고 있는 경합적 접근법이 제공하는 다원주의적 관점은 변별성이 갈등의 원인일 수 있음을 인식하지만, 그 갈등이 반드시 '문명의 충돌'을 야기하는 것은 아니라고 단언한다. 이 다원주의적 관점은 그런 [충돌의] 상황을 피할 수 있는 가장 좋은 방법으로 다극적인 제도적 틀의 설립을 제안한다. 그 갈등이 적들 사이의 적대적 투쟁 형태를 취하는 대신, 대결자들 사이의 경합적 대결로 나타날 수 있는 조건들을 창출하게 될 그런 제도적 틀을 말이다.

---

21) François Jullien, *De l'universel, de l'uniforme, du commun et du dialogue entre les cultures*, Paris: Fayard, 2008, p.135.

나는 자크 데리다가 벼려낸 용어가 이 맥락에 딱 들어맞는다고 생각한다. 데리다는 환대에 대해 성찰하면서, 에밀 벵베니스트를 따라, '환대'hospitalité라는 용어의 뿌리 깊은 양가성을 끄집어낸다. 이 용어는 똑같은 어원을 가진 두 개의 [라틴어] 낱말, 즉 '호스페스'(주인)hospes와 '호스티스'(적)hostis에서 유래했다.[22] 이 양가성을 표현하고, 적의[적대]hostilité와 환대의 뒤엉킴을 드러내기 위해 데리다는 '호스티피탈리티'[적대=환대/적환대]hostipitalité라는 용어를 고안해냈다. 경합적 다원주의 접근법은 이런 '호스티피탈리티'의 측면에서 다원체를 구상해야 한다. 다양한 극들 중 어느 하나가 우월한 것처럼 굴지 않으면서, 서로 맞물린 다양한 극들 간의 경합적 마주침이 일어나는 공간으로서 말이다. 이 경합적 마주침은 그 과정에서 상대의 소멸이나 동화를 목표로 삼지 않으며, 상이한 접근법들 간의 긴장이 다극적 세계의 특징인 다원주의를 향상시키는 데 기여하는 대결이다.

---

22) Jacques Derrida, "Hospitality," *Acts of Religion*, London: Routledge, 2002, pp.356~420.

3
유럽의 미래에 대한 경합적 접근법
An Agonistic Approach to the Future of Europe

오늘날 유럽 기획은 기로에 놓여 있다. 안타깝게도, 그 생존을 당연시할 수 없다. 유럽연합의 미래를 보장할 수 있는 중요한 결정이 필요하지만, 그 결정이 어느 방향으로 흐를지는 아직 알 수 없다. 확실한 것은 그런 결정의 결과가 큰 파장을 불러올 것이라는 점이다. 유럽연합 옹호자들은 더 많은 통합이 필요하다는 데 일반적으로 동의하지만, 그런 과정을 어떻게 가시화할지에 대해서는 서로 상당한 불일치를 보여주고 있다. 이런 불일치의 이유는 다층적이며, 각각이 의거하고 있는 명분도 다양하다. 이런 불일치는 정치적 차이의 표출을 수반할 뿐만 아니라, 관건이 무엇인지를 파악하고 싶다면 전면에 드러낼 필요가 있는 철학적 변별성도 수반하고 있다.

한 가지 중요한 [철학적] 변별성은, 유럽연합의 미래와 그 통합 양식에서 국민적·지역적 동일성이 맡아야 하는 자리와 관련된다. 많은 이들이 지적했다시피, 탈관습적이며 탈국민적인 형태의 동일성이 일반화될 것이라는 모두의 예상과 다르게 오늘날 우리는 국민적 동일성의 강화를 목격하고 있다. 설령 그렇지 않더라도, 더욱이 더 중요해진 것은 초국가적 수준이 아니라 오히려 지역적 형태의 동일시이다. 따라서 국민국가가 제 힘과 특권의 일부를 상실해가고 있을 수도 있지만(물론 그 상실의 정도를 놓고서도 이론가들 사이에 매우 심각한 불일치가 존재한다는 점 또한 지적되어야 한다), 그렇다고 그와 더불어 국민적 형태의 동일시가 사라지는 것은 아니다.

그러므로 우리는 적어도 가까운 미래에 국민적 형태의 충성이 사라지지는 않을 것이라는 점을 인정해야 한다. 사람들이 탈국가적인 유럽적 동일성을 위해 자신의 국민적 동일성을 포기하리라고 예상하는 것은 순진한 일이다. 이런 사실을 부정하는 형태의 유럽 통합을 강요하려든다면 매우 위험할 것이며, 유럽 기획을 거스르는 부정적 반응만을 불러올 것이다.

정치이론가로서 나의 관심은, 탈국가적 유럽에 대한 많은 개념화가 집합적 동일성의 형성 과정을 파악하지 못하고 가로막고 동일시의 국민적·지역적 형태가 지니는 성격과 역할을 인정하지 못하게 가로막는 개인주의적·합리주의적 틀의 영향을 받고 있다는 데 놓여 있다. 유럽 통합이 직면한 도전의 깊이를 이해하려면, 유럽 통합의 미래가 야기하는 다양한 쟁점을 더 잘 구상할 수 있게 해주는 대안적 접근법이 필요하다. 나의 논의는 두 가지 문제를 중심으로 구성될 것이다. 나는 첫째로 지배적인 합리주의적 접근법에 대한 대안, 즉 집합적 동일성이 스스로를 구성하는 방식을 이해할 수 있게 해주는 접근법을 제시할 것이며, 둘째로 이 대안적 접근법이 유럽연합에 대해 갖는 함의를 검토할 것이다.

집합적 동일성

'구성적 외부'라는 관념에서 시작해보자. 1장에서 살펴본 것처럼, 이 용어는 자크 데리다가 '대리보충,' '흔적,' '차이'[차연] 같은 '결정 불가능한 것'을 통해 가능하게 만든 다양한 전략적 움직임을 묘사하기 위해 헨리 스태튼이 제안한 것이다.[1] 이것들은 모든 객관성[대상성], 모든 동일성이 어떤 차이를 주장하고, 자신의 '외부' 역할을 하는 '타자'를 규정하며, 결과적으로 내부와 외부의 경계를 설정함으로써 구축된다는 것을 차례대로 보여준다. 집합적 동일성과 관련해 보면, 이 말은 '우리'의 창안이 '그들'의 형성을 통해서만 존재할 수 있음을 뜻한다. 사실상 집합적 동일성의 모든 형태는 '우리'에 속한 사람들과 우리 외부에 있는 사람들 사이의 경계 긋기를 수반한다.

나는 확실히 이런 경계를 이미 존재하는 상식[공통 감각/의미], 예컨대 국민적 소속감에서 발견되는 그런 상식으로부터 유래한 무엇인가로 구상하지 않는다. 왜냐하면 나의 고찰은 내가 에르네스토 라클라우와 공저한 『헤게모니와 사회주의 전략』에서 정교화한 바 있는 담론 이론에 대한 반본질주의적 접근법의 영향을 받고 있기 때문이다.[2] 담론 이론의 관점에서 보면, 사람들이 자신의 진짜 동일성을 인정해야 하는가는 결코 문제가 되지 않는다. 사실상 이 접근법의 핵심 테제 중 하나는, 본질적 동일성은 존재하지 않으며 동일시의 형태들만이 존재한다는 것이다.

물론 이 점은 집합적 동일성의 경우에도 마찬가지이다. 장기간 역사적으로 퇴적된 덕분에 자연적인 것처럼 보일 수도 있지만, 국민적 동일성 같은 모종의 집합적 동일성은 언제나 다양한 실천, 담론, 언

1) Henry Staten, *Wittgenstein and Derrida*, Oxford: Basil Blackwell, 1985.

2) Enersto Laclau and Chantal Mouffe, *Hegemony and Socialist Strategy: Towards Radical Democratic Politics* (1985), 2nd ed., London: Verso, 2001. [이승원 옮김, 『헤게모니와 사회주의 전략』, 후마니타스, 2012.]

어 게임을 통해 가능해진 우발적 구성물이며, 다른 방식으로 변환되거나 재절합될 수 있다. 이 말은, 위르겐 하버마스가 디터 그림과 논쟁하며 주장한 것과는 달리, 동일성은 의사소통적 합리성이라는 패러다임과 절차적 정당성이라는 방법을 통해 창출될 수 없음을 뜻한다.[3] 이런 합리주의적 개념화는 내가 결정적 요소라 여기는 것, 즉 동일시의 과정에서 정동적 차원이 맡는 역할을 제쳐둔다.*

동일시의 과정에서 관건이 무엇인지를 파악하려면, 정신분석학이 제공하는 통찰을 꼭 고려할 필요가 있다. 가령 지크문트 프로이트는 집합적 동일시의 과정에서 정동의 리비도적 유대가 맡는 결정적 역할을 전면에 드러냈다. 프로이트가 『집단 심리학과 자아 분석』에서 단언하고 있듯이, "집단은 모종의 힘에 묶여 있는 게 분명하다. 그런데 세상의 모든 것을 결속시키는 에로스의 힘보다 더 훌륭하게 이런 위업을 달성할 수 있는 힘이 어디 있겠는가."[4] '우리'라는 집합적 동

---

3) Jürgen Habermas, *The Inclusion of the Other: Studies in Political Theory*, Massachusetts: MIT Press, 1998, pp.155~164. [황태연 옮김, 「유럽은 헌법이 필요한가? 디터 그림에 대한 논평」, 『이질성의 포용: 정치이론 연구』, 나남출판, 2000, 187~193쪽. 이 글은 디터 그림이 발표한 똑같은 제목의 논문을 위르겐 하머마스가 논평한 글이다. Dieter Grimm, "Does Europe Need a Constitution?," *European Law Journal*, vol.1, no.3, November 1995, pp.282~302. 본문에서 말하는 하버마스와 그림 사이의 논쟁이란 바로 이 두 개의 글을 뜻한다.]

* 무페는 자신의 가장 최근 저서에서도 정치적 동일성의 구성, 즉 동일시의 과정에서 이 정동이 갖는 중요성을 베네딕투스 데 스피노자의 논의까지 끌어들여 더 자세히 설명하며 다시 한 번 강조한다. Chantal Mouffe, *For a Left Populism*, London: Verso, 2018, pp.72~78. [이승원 옮김, 『좌파 포퓰리즘을 위하여』, 문학세계사, 2019, 110~120쪽.]

4) Sigmund Freud, "Group Psychology and the Analysis of the Ego"(1921), *The Standard Edition of the Complete Psychological Works of Sigmund Freud*, vol.

일성은 공동체 구성원들 간에 강력한 동일시를 창출하는 정동을 열정적으로 투여한 결과물**이다. 하버마스뿐만 아니라, 오늘날 우리가 소위 '탈관습적' 동일성이 '의고적 열정'이라 여기는 것들을 제거해 버린 시대에 살고 있다고 믿는 사람들이나, 범세계주의적 법에 의해 통치되고 의사소통적 합리성의 영향을 받는 '탈국가적' 질서의 수립을 요구하는 사람들은 모두 이 차원을 완전히 간과하고 있다.

정치 이론가들의 논의에서 보통 간과되는 또 다른 중요한 측면이 존재한다. 사실, 프로이트는 자신이 에로스와 타나토스라 부른 리비도적 충동의 이중적 성격도 강조한다. 예컨대 『문명 속의 불만』에서 프로이트는 인류 속에 현존하는 공격 성향 탓에 사회가 끊임없이 분열의 위협을 받는다는 관점을 제시한다. 프로이트에 따르면, "인간은 사랑받기를 원하고 공격을 받아도 기껏해야 자신을 방어할 수 있을 뿐 상대를 반격하지도 못하는 유순한 동물이 아니다. 반대로 인간은 강력한 공격 본능을 타고난 것으로 추정되는 동물이다."5)

이런 공격 본능을 인정하고, 문명은 이 본능을 억제하기 위해 다양한 방법을 사용한다는 것을 인식할 필요가 있다. 그 중 한 가지 방법은 리비도적인 사랑의 본능을 동원해 공동체 구성원들 간에 강력

XVIII, ed. & trans. James Strachey, London: Vintage, 2001, p.92. [김석희 옮김, 「집단 심리학과 자아 분석」, 『문명 속의 불만』(개정판), 열린책들, 2004, 100쪽.]

** 무페가 말하는 "강력한 리비도적 투여"의 결과물을 뜻한다. Mouffe, *For a Left Populism*, p.71. [『좌파 포퓰리즘을 위하여』, 110쪽.]

5) Sigmund Freud, "Civilization and Its Discontents"(1930), *The Standard Edition of the Complete Psychological Works of Sigmund Freud*, vol.XXI, ed. & trans. James Strachey, London: Vintage, 2001, p.111. [김석희 옮김, 「문명 속의 불만」, 『문명 속의 불만』(개정판), 열린책들, 2004, 289쪽.]

한 동일시를 확립하는 공통적 유대를 조성하고, 그에 따라 이 유대를 집합적 동일성으로 결속시키는 것이다. 이 정동적 차원은 국민적 형태의 동일시에서 매우 중요한 역할을 담당하며, 바로 그렇기 때문에 이런 유대는 쉽게 폐기될 수 없다. 이 유대는 집합적 동일성을 구성하는 결정적 방법을 재현하며, 역사적 경험은 이런 유대가 어떻게 '우리'와 '그들'을 구별하는 중요한 지형을 제공하는지 보여준다.

'우리'와 '그들' 사이에 존재할 수 있는 관계의 가능한 유형은 무엇인가? 프로이트는 이 관계가 적개심의 관계일 수 있음을 잘 알고 있었다. 『문명 속의 불만』에서 프로이트는 "공격 본능을 발산할 수 있는 대상이 남아 있는 한, 상당수의 사람들을 사랑으로 단결시키는 것은 그리 어렵지 않다"고 공언한다.[6] 일단 이 점을 인정할 경우, 우리가 마주하게 될 문제는 다음과 같다. 만약 집합적 동일성이 언제나 우리/그들의 유형으로 구성된다면, 어떻게 우리는 이 관계가 적개심의 관계가 되는 것을 피할 수 있는가?

이것이 바로 나의 경합적 민주주의 모델이 다뤄온 중심적인 쟁점들 중 하나이다. 우리는 유럽을 위한 경합적 모델을 어떻게 생각해볼 수 있을까? 경합적 유럽은 어떤 모습일까? 사실 유럽연합의 창설은 경합적 배치를 구축해 적대를 저지한 매우 훌륭한 사례처럼 보일 수도 있다. 제2차 세계대전 이후 [통합이라는] 유럽 기획을 주창했던 장 모네와 로베르 쉬망 같은 이들의 의도를 기억하는가? 그들의 목표는 프랑스와 독일 사이에 또 다른 명시적 적대가 출현하는 것을 저지할 제도의 창설이었다. 그들은 다른 국가들과 함께 그 양국을 공통의 기

---

6) Freud, "Civilization and Its Discontents," p.114. [「문명 속의 불만」, 292쪽.]

획 속에 포함시키는 '우리'를 창출해야만 이런 일이 이뤄질 수 있다는 점을 이해하고 있었다.

이런 '우리'의 첫 번째 제도적 형태는 경제적 성격을 띠고 있었는데, 석탄과 철강 공동체가 그것이었다. 다른 통합 형태들은 나중에 발전됐다.* 물론 모네와 쉬망은 처음부터 문화적 관심뿐만 아니라 정치적 관심도 갖고 있었다. 하지만 국민적 동일성들의 소멸이나 그 동일성들의 상이하고 자주 충돌하기까지 하는 이해관계의 말소를 구상한 것은 아니다. 모네와 쉬망의 목적은 유럽 공동체에 결합한 국가들이 공유된 기획에 참여함으로써, 또 다시 서로를 적으로 대할 가능성을 줄일 수 있는 유대를 그 국가들 사이에서 창출하는 것이었다. 이것은 바로, 갈등이 경합적 형태를 취할 수 있게 해주는 제도들을 설립해 적대를 저지하자고 제안하는 나의 경합적 접근법의 목적이기도 하다. 이런 관점에서 생각해본다면, 유럽 기획이 어느 정도 성공적이었다는 점은 의심할 바 없지만, 우리는 그 기획이 언제든지 파탄날 수 있다는 사실을 알아야 한다.

---

* 유럽 공동체에 대한 논의는 1950년 5월 9일 프랑스의 경제학자이자 외교관인 장 모네(Jean Monnet, 1888~1979)와 외무장관인 로베르 쉬망(Robert Schuman, 1886~1963)이 프랑스-독일 간 석탄·철강 자원의 공동관리 사무소 설치를 제안하면서 본격화됐다('쉬망 선언'). 1951년 4월 18일 유럽 6개국(프랑스, 독일, 이탈리아, 벨기에, 네덜란드, 룩셈부르크)이 파리 조약을 통해 '유럽석탄·철강공동체'를 창설했고, 이를 모태로 1957년 3월 25일 로마 조약을 통해 '유럽원자력공동체'와 '유럽경제공동체'를 발족시켰다. 이후 1993년 11월 1일에는 마스트리히트 조약을 통해 '유럽경제공동체'가 '유럽공동체'로 확대 개편되어 공동의 외교·안보 정책과 범죄·사법 협력을 담당하는 기구가 신설됐다. 오늘날 우리가 알고 있는 유럽연합은 2007년 12월 13일 체결된 리스본 조약을 통해 모습을 드러냈다(현재 회원국 수는 28개국으로, 2016년 국민 투표를 통해 결정된 영국의 탈퇴는 현재 하원의 합의안 부결 이후 난항에 빠져 있다).

유럽 통합

이제 내가 검토하고픈 두 번째 문제로 돌아가보자. 경합적 관점에서 볼 때, 유럽 통합의 과정이 밟아 나가야 할 길에서 얻을 수 있는 교훈은 무엇인가? 어떤 통합 형태에 의거해 유럽은 '갈등적 합의'를 특징으로 하는 경합적 관계 형태를 상이한 국가들 사이에서 확립할 수 있겠는가? 이런 경합적 유럽은 정동적 차원과 더불어, 유럽 한가운데에 존재하는 집합적 동일성의 다층성과 다양성을 분명히 인정해야만 한다. 경합적 유럽의 목표는 유럽을 구성하는 요소들의 상이함을 존중하면서도, 그 상이한 요소들 간에 유대를 창출하는 것이어야 한다. 사실상 유럽 통합의 도전은 통일성과 다양성을 결합하는 데, 즉 이질성에 여지를 남겨두는 형태의 공통성을 창출하는 데 있다.

내가 동질적·탈국민적 '우리'를 구축해 국민적 '우리'의 다양성을 제압하려는 모든 시도를 포기해야 한다고 말하는 이유가 바로 이것이다. 유럽 통합을 반대하는 극심한 저항의 근원에는 바로 국민적 '우리'의 부정, 혹은 그런 일이 일어날 수 있다는 공포가 있으며, 이것이 상이한 국가들 사이에서 다층적 형태의 적대를 출현시키고 있다.

프랑스의 법 이론가 올리비에 보의 고찰은 어떤 양태의 통합이 경합적 유럽에 가장 적합한지를 생각해볼 때 특히 유용하다. 보는 연방제가 몇몇 정치적 독립체들 간의 특정한 연합 형태로 이뤄진다는 점에 의거해, '연방 연합'이라는 관념을 재발견하자고 제안한다.[7] 연

7) Olivier Beaud, "La question de l'homogénéité dans une fédération," *Lignes*, no.13, février 2014, p.114. 올리비에 보는 이런 생각들을 다음의 책에서 발전시킨다. Olivier Beaud, *Théorie de la Fédération*, Paris: PUF, 2007.

방을 국가들의 연합으로 간주하면, 연방의 목표는 국가들이 자신의 정치적 실존을 유지할 수 있고, 그리하여 국가로 계속 남아 있을 수 있기 위해서 새로운 정치체를 공동으로 구성하는 것이다. 연방 연합은 일종의 유럽적 동일성의 필요성을 인정하고 (늘 확정된 국경을 갖는 공간적 실체와 관련되는 모든 연방 연합 형태의 필수 조건인) 내부자와 외부자를 구별하면서도, 이와 동시에 연합을 구성하는 국가들의 다양성은 반드시 유지되어야 하는 가치 있는 무엇인가로 여긴다. 연방 연합은 '다양성 속에서 통일된' 유럽의 구성적 이원성을 고려하며, 국가적 차이의 근절을 목표로 삼지 않는다.

연방 연합을 구상하는 이런 방식은 여전히 국민국가라는 존재에 귀속되어 있는 모든 사람에게 유용한 논의를 제공해야 한다. 세계화라는 조건 아래에서 각기 다른 유럽 국가들이 자신들이 직면한 수많은 도전에 더 이상 홀로 맞설 수 없다는 데는 의심의 여지가 없다. 그렇기 때문에 더 폭넓은 형태의 연합을 창출할 필요가 있는 것이다. 유럽연합을 '연방 연합'으로 간주해본다면, 유럽연합은 그런 [세계화의] 도전에 대한 해법이 될 수도 있다. 이런 유럽연합은 국민국가의 종말을 선언하는 것으로 보이기는커녕, 세계화된 세계 속에서 국민국가의 생존을 위한 조건을 제공해줄 것이다.

국가들의 유럽인가, 지역들의 유럽인가?

이 지점에서 국민국가의 특권과 관련된 쟁점이 제기될 필요가 있다. 국가적 수준만이 민주주의를 실행하기에 유일하게 타당하며 정당한가, 아니면 다양한 지역들이 연방 연합 안에서 현재보다 더 많은 권력을 부여받아야 하는가? 달리 말해, 유럽연합은 국민국가들의 연방이라는 측면에서 가시화되어야 하는가, 아니면 지역들의 연방이라는 측면에서 가시화되어 하는가? 우선, 나의 논의에 맞서는 관점, 즉 유럽연합은 주권의 담지자이자 민주주의 실행의 중심처를 제공하는 동질적인 **데모스**를 유럽적 수준에서 창안하는 데 목표를 둬야 한다는 제안을 상기해보자. 이 관점은 사람들의 충성이 각자의 국민국가에서 유럽연합으로 이동하는 데 근거를 둔다. 만일 누군가가 이런 관점을 거부한다면, 그것은 명백한 대의 민주주의 양태로는 유럽적 수준에서의 민주주의를 생각해볼 수 없다는 뜻이 된다. 하지만 이런 초국가적 유럽에 대한 대안은 다양한 형태를 취할 수 있다.

칼립소 니콜라이디스에 따르면, 유럽연합은 '데모이-크라시'라는 양태로, 즉 그 요소들을 구성하는 상이한 **데모이**의 다원성과 영속성을 인정하는 국가들과 인민들의 연합으로 구상되어야 한다. 이 연합은 그 구성원들의 정치적·헌정적 구조 속에서 표출되는 것이므로 그들의 국민적 동일성을 존중한다. 하나의 동질적인 유럽의 데모스에 부합하는 일련의 제도들이 새롭게 생긴다고 해서 상이한 국민국가들 수준에서 민주주의를 실행하는 것이 포기되거나 대체되지는 않을 것이다. 이것은 일반적으로 알려져 있는 [통합] 모델과 관련해 세 가지의 중요한 변화를 함축한다고 니콜라이디스는 강조한다. "첫째로 공통의 동일성에서 공유된 동일성으로의 변화, 둘째로 동일성의 공동체에서 기획의 공동체로의 변화, 마지막으로 다층적인 거버넌스 개념에서 다중심화된 거버넌스 형태로의 변화"8)가 그것이다.

8) Kalypso Nicolaïdis, "Demos et Demoï : Fonder la constitution," *Lignes*, no.13, février 2004, pp.98~99.

니콜라이디스의 견해는 내가 정교화하려는 경합적 개념과 잘 들어맞는다. 왜냐하면 민주주의를 실행하기 위한 민주주의적 공간의 다원성을 인정하고 지켜야 할 필요성, 또한 유럽적 수준과 국가적 수준 사이에 존재하는 긴장을 인식하면서 두 수준의 균형을 지속적으로 유지해야 할 필요성을 고려하고 있기 때문이다.

허나 일부 저자들은 좀 더 나아가 국민국가에 부여된 특권을 문제 삼는다. 예컨대 로베르트 메나세가 그렇다. 메나세는 유럽연합이 현재 직면한 문제는, 유럽연합이 국가 자신의 이익을 위해 자국 인민의 이익을 희생시키는 정치를 추구하는 국민국가들의 연합이라는 사실에서 크게 기인한다고 주장한다. 메나세가 보기에, 현재의 위기는 유럽 기획이 요구하는 민주주의적 거버넌스 형태를 이끌어내는 데 필요한 정치의 실행을 각국 정부가 꺼리는 데서 비롯된 정치적 위기이다. 거짓으로 국익을 보호하는 척하면서 각국 정부가 실제로 보호하는 것은 자신들의 금융·경제력으로 인해 정치적 영향력을 가진 국내 소수 엘리트 집단의 이익이다.[9] 메나세는 각국의 이해관계들이 대립하면 유럽연합이 해체되는 데까지 이를 수 있다고 믿으며, 각기 다른 지역들이 결정적 역할을 하는 새로운 통합 형태 아래에서 유럽연합이 진정으로 민주화되는 것만이 유일한 해결책이라고 본다.

[물론] 메나세는 이런 기획이 제도화될 수 있는 방법을 문제로 삼지 않는데, 그 이유는 가까운 장래에 국민국가를 완전히 넘어 설 가

9) Robert Menasse, *Der Europäische Landbote: Die Wut der Bürger und der Friede Europas oder Warum die geschenkte Demokratie einer erkämpften weichen muss*, Wien: Zsolnay, 2012, p.59.

능성에 대해 회의적이기 때문이다. 하지만 흥미로운 통찰을 제공하는 마시모 카치아리의 연방제에 관한 정교화된 관점을 통해 복합적인 해결책을 구상해볼 수도 있을 것이다.[10] 카치아리의 고찰은 두 가지의 커다란 움직임, 즉 한편으로 미시국가적 움직임과 다른 한편으로 초국가적 움직임의 결과로 현대 국가가 분열되고 있다는 데서 출발한다. 현대 국가는 지역주의[지방분권] 움직임의 압박 속에서 내부로부터 분열되며, 초국가적 권력과 제도가 성장하고 세계 금융과 초국적 기업들의 권력이 증가함으로써 외부로부터 분열된다. 이런 상황에 대한 해답은 카치아리가 '위로부터의 연방제'에 대항하는 '아래로부터의 연방제'라 부르는 것이다. 이 아래로부터의 연방제는 상이한 지역들과 도시들의 특정한 동일성을 인식할 것인바, 그 지역들과 도시들을 고립시키거나 서로 분리시키기 위해서가 아니라 그들 사이의 다층적인 교류 관계에 근거해 상상되고 조직된 자율성의 조건들을 수립하려는 목표를 가지고 그렇게 한다.

카치아리가 옹호하는 것을 일종의 연방 연합, 즉 그 구성 단위가 국민국가로 제한되지 않으며 지역 역시 중요한 역할을 하는 연방 연합으로 생각할 수 있다. 유럽을 위한 경합적 모델의 관점에서 볼 때, 나는 특히 그런 연합이 갈등적 양태로 통합된 체제 안에서 실행되는 자율성의 형태를 드러내 보일 것이며, 연대와 경쟁을 결합할 것이라는 카치아리의 주장에 흥미를 느낀다. 카치아리의 제안을 받아들인

10) 다음의 대담에서 제시된 카치아리의 견해를 참조하라. Yvon le Bot with Marco Semo and Anna Spadolni, "The Philosopher Politician of Venice: Interview with Massimo Cacciari," *Soundings*, no.17, Spring 2001, pp.25~34.

다면, 우리는 유럽연합을 국민국가들로 구성된 '데모이-크라시'로도, 상이한 **데모이**가 다양하게 존재할 수 있고 상이한 수준에서 다양한 방식으로 민주주의가 실행될 수 있는 곳으로도 상상해볼 수 있을 것이다. 이런 관점은 서로 다른 형태의 집합적 동일성, 즉 국가적 동일성과 지역적 동일성을 모두 승인하며 접합한다. 또한 도시들의 날로 증가하는 중요성과 도시들 간의 새로운 협력 양식도 인정한다. 카치아리는 가령 프랑스와 스페인, 프랑스와 이탈리아, 오스트리아와 이탈리아 사이의 국경 지대에서처럼 문화적 또는 경제적 형태의 통합이 존재하는 여러 장소에서 관국가적 수준의 지역적 단위를 조직할 수 있는 가능성에 대해서도 지적하고 있다.

이런 식으로 유럽연합을 가시화하면 민주적 [구성]단위들의 실질적인 다원성을 허용하며, 그 단위들 간의 관계를 진정한 '경합적' 방식으로 구상할 수 있다. 국가는 중요하지만, 충성의 또 다른 주요 형태와 민주적 참여를 위한 또 다른 공간이 존재함을 인정할 필요가 있다. 경합적 유럽연합은 인민들에게 데모이의 다양성에 참여할 가능성을 제공해야 하는바, 그곳에서 인민들은 국민적·지역적 충성을 꼭 버리지 않아도 자신의 민주적 권리를 행사할 수 있다.

어떤 민주주의: 심의 민주주의인가, 경합 민주주의인가?

민주주의와 관련해 논의가 필요한 또 다른 측면이 있다. (초국민적 국가의 창설을 옹호하는 사람들뿐만 아니라) 유럽연합에서의 민주주의를 강화하기 위한 모델을 정교화하려고 노력해온 이론가들은 대부분 심의 민주주의라는 패러다임 안에서 작업하고 있다. 그들은 모두 '민주주의의 결핍'이라는 문제를 해결하고 유럽연합의 민주주의적 정당성을 다지기 위해서는 유럽의 공적 영역[공론장]을 확립하는 것이 필요하다고 단언하는데, 거기서 시민들은 다양한 심의 절차의 도움 아래 정보를 제공받고 의견을 교환하며, 그럼으로써 공공 정신을 발전시킬 수 있게 된다는 것이다.* 그들이 생각하기에, 핵심 쟁점은 사람들이 공익과 관련해 심도 있게 논의하고 동의에 이를 수 있도록 정보가 제공된 대화의 장을 창출하는 것과 관련된다. 유럽연합을 위한 매우 다양한 심의적 제안들이 존재하는 것은 틀림없다. 하지만 그 제안들은 모두, 정보가 제공된 참여와 논의를 통해 시민들이 최선의 정책에 관해 동의에 이를 수 있어야 한다는 생각을 공유한다.

민주주의 정치 이론 분야에서 내가 해온 작업의 중요한 부분은 심의 민주주의 모델의 합리주의적·개인주의적 틀을 비판하는 데 할애되어왔다. 예컨대 나는 『민주주의의 역설』에서 그 모델의 두 가지 주요 판본, 즉 존 롤스의 모델과 하버마스의 모델을 검토하고, 어떻게 그들이 '정치적인 것'의 경합적 차원을 인정할 수 없는지를 보여준 바 있다.[11] 비록 방식은 서로 달라도, 롤스와 하버마스는 모두 공적 영역에서 합리적 동의를 확립하는 것이 민주주의의 목표가 되어야 한다고 단언한다. 그들의 이론은 동의에 이르는 데 필요한 심의 절차와 관련해서는 다르지만, 그들의 목적은 동일하다. 즉, '공익'에

* 무페는 이런 '심의 민주주의'의 대표적 인물로 하버마스를 꼽는다. 특히 여기서 논의되는 유럽연합의 창설과 관련된 하버마스의 입장과 주장으로는 다음을 참조하라. Jürgen Habermas, *Ach Europa!: Kleine politische Schriften XI*, Frankfurt am Main: Suhrkamp, 2008. [윤형식 옮김, 『아, 유럽』, 나남, 2011.]

11) Chantal Mouffe, "For an Agonistic Model of Democracy"(Ch.4), *The Democratic Paradox*, London: Verso, 2000, pp.80~107. [이행 옮김, 「민주주의의 경쟁적 모델을 위하여」, 『민주주의의 역설』, 인간사랑, 2006, 125~164쪽.]

관해서 배제 없는 합의에 이르는 것이다. 비록 그들이 다원주의자임을 자임하지만, 분명히 그들의 이론은 그 정당성이 사적 영역에서만 인식될 뿐 공적 영역에서는 구성적 장소를 가지지 못하는 다원주의이다. 그들은 민주주의 정치를 위해서는 공적 영역에서 열정이 제거될 필요가 있다고 단호하게 말하는데, 당연히 이런 점 때문에 그들은 정치적 동일성의 구성 과정을 전혀 이해할 수 없는 것이다.

심의 민주주의 모델의 이런 결함은 유럽연합에서의 민주주의를 강화하기 위해 이 모델을 사용하려는 다양한 시도들에서도 발견된다. 그러므로 나는 유럽의 다양한 데모이-크라시 수준에서 확립될 민주적 참여의 상이한 형태들을 구상하려면, 심의 민주주의의 양태가 아니라 대립적인 경합 민주주의의 양태에 따라 그런 참여 형태들을 생각해보는 것이 중요하다는 점을 강조할 필요가 있다고 느낀다. 일단 정치에서 정동과 열정이 결정적 역할을 한다는 것을 인정한다면, 핵심적인 질문은 민주주의를 설계해 나아가는 데 그 정동과 열정을 어떻게 동원할 수 있을지 모색하는 게 될 것이다. 내가 보기에, 이를 위해서는 다양한 **데모이**인 시민들이 유럽연합의 성격과 유럽연합이 세계에서 차지할 위치를 구상하는 상이한 방법들 간의 대립적 대결에 참여할 수 있게 해주는 유럽 기획의 정치화가 필요하다.

그렇지만 이런 대립적 대결이 일어나려면, 경합적 대결의 전제 조건인 '갈등적 합의'의 틀을 제공하기 위해 '공통적'인 무엇인가가 유럽 시민들 사이에 존재할 필요가 있다. [그렇다면] 이 공통의 유대를 어떻게 상상해볼 것인가? 조너선 화이트는 상이한 접근법을 통해 공통적인 것을 다양하게 개념화하는 방식을 검토하는 논문에서 이 문제를 다룬다.[12] 화이트는 공통적인 것의 최소주의적 개념화, 최대주의적 개념화, 혼재된 개념화를 각각 구별하면서, 유럽 정체의 성격을 구상하는 데 있어서 이 각각의 정식화가 가져오는 귀결을 전면에 드러낸다. 최소주의적 개념화에 있어서, 집합적 유대는 공유된 물질과 안보 이익에 의해 이뤄지며, 유럽 정체의 주요 특징은 공동 시장, 경제·통화 동맹의 존재이다. 최대주의적 개념화는 정치적 공동체를 구성하는 데 상업적 결속으로는 충분하지 않다고 반대하면서 문화적 유대를 통해 공통적인 것을 보장할 필요가 있다고 주장한다. 확실히 화이트의 지적처럼, 이 문화적 유대를 가시화하는 많은 방법이 있으며, 그 방법이 모두 [문화적 유대의] 상속적 속성을 본질적인 것이라고 상정하지는 않는다. 그러나 화이트가 보기에, 합리화된 심의에 근거해 채택된 원칙과 공유된 가치에 의해 이런 유대가 구성된다고 상상하는 접근법조차도 [정치적 공동체를 구성하는 데는] 불충분하다. 왜냐하면 그런 접근법은 대결적 정치와 능동적 시민권을 증진하는 데 도움이 되지 못하기 때문이다. 바로 이런 이유에서 화이트는 공통적인 것에 대한 정치적 개념화, 즉 자신에게 영향을 끼치는 중요하고도 공유된 문제를 다루는 데 시민들이 능동적으로 개입할 것을 촉구하는 그런 개념화를 지지하며 주장한다. 유럽연합을 '공유된 기획의 공동체'로 보고 공통적인 것을 다양한 문제와 관심사로 구성되는 무엇으로 본다면, 우리는 우리/그들의 다양한 대결 지형을 수립하면서 다양한 구성원 사이의 수많은 교차선을 구상해볼 수 있다. 화이트는 다음과 같은 점을 강조한다. 이 [공유된] 문제는 "모든 문제가 정치

12) Jonathan White, "Europe and the Common," *Political Studies*, vol.58, no.1, February 2010, pp.104~122.

공동체의 모든 사람에게 똑같이 영향을 끼친다는 일종의 합의가 존재한다는 그런 의미에서 '공통적'이 되지는 않을 것이다. 이와는 반대로 정치 공동체 안에서 살아가는 '우리 같은 사람들'에 맞서는 대립 진영, 즉 그 문제에 대해 입장이 상당히 다르거나 실제로 그런 문제를 일으킬 수도 있는 사람들이 존재한다고 추정되는 한, 우리-그들의 동학이 개입될 것이다. 정치적 공통성의 문제는 통일성의 이미지 속에서 모든 시민을 서로 결속시키기보다는, 충성과 갈등의 그물망 안에서 서로 맞서게 만들 것이다."[13]

심의 [민주주의적] 관점의 결함을 지적하고 유럽연합 구성원들을 연결시키는 유대를 정치적 대결에 알맞은 방식으로 가시화함으로써, 공통적인 것을 정치적 방식으로 구상하려는 화이트의 제안은 내 자신의 경합적 접근법과도 분명 잘 들어맞는다. 이런 방식으로 유럽연합 안에서 상이한 데모이를 서로 연결하는 데 필요한 모종의 공통적 유대를 생각해본다면, 유럽 정치를 효과적으로 정치화할 수 있는 기반이 주어질 수도 있을 것이다.

그런 정치화의 가능한 양식을 검토하려 할 때, 우리는 민주주의적 협의를 상상하는 상이한 양식들에 대해 논의한 제임스 탈리로부터 유용한 생각을 찾아볼 수 있다.[14] 탈리는 분쟁의 다층적인 행위자와 공간을 인정하고 그 [협의] 절차가 메타-민주주의적 지위를 가지지 않고 대결적일 수 있는 개방적 접근법을 지지하면서, 민주주의적 협

13) White, "Europe and the Common," p.114.

14) James Tully, "A New Kind of Europe?: Democratic Integration in the European Union," *Critical Review of International and Political Philosophy*, vol.10, no.1, March 2007, pp.71~86.

의의 상이한 두 가지 형태를 구별할 필요가 있다고 주장한다. 첫 번째 형태는 지배적인 규범에 도전하고 그 규범을 수정하는 활동과 관련되는 반면, 두 번째 형태는 다양한 구성원들이 동일한 규범을 공유하지만 그 규범을 따르면서 서로 다르게 행동할 때 나타난다. 탈리가 보기에 이 두 번째 형태는 규칙이 공유된 분야에서도 다양한 실천이 존재한다는 점을 지적해주는데, 정치 이론가들은 규범이 오직 하나의 올바른 방식으로만 적용되고 준수될 수 있다고 믿는 경향이 있어서, 이런 특성은 충분한 관심을 받지 못해 왔다. 나는 탈리가 옹호하는 개방적 접근법에 동의하며, 그가 이 [민주주의적] 협의의 두 번째 형태에 부여하는 중요성에도 동의한다. 나는 탈리의 두 제안이 모두 경합적 대결의 조건을 창출하는 데 핵심적이라고 생각한다.

신자유주의에 대한 유럽적 대안

화이트와 탈리는, 비록 방식은 서로 다르지만, 공유된 윤리-정치적 원칙의 갈등적 해석들을 허용하고 불일치의 정당성을 인정하는 방식으로 민주주의적 토론을 고안하는 것이 중요함을 강조한다. 사실상 이 점은 유럽 시민들 사이에서 유럽연합의 미래를 놓고 경합적 대결을 벌이기 위한 핵심 지점이다. 나는 현재의 국면에서 그런 대결이 절대적으로 필수적이라고 확신한다. 좌파 진영의 많은 사람들이 유럽연합의 틀 안에서 신자유주의적 세계화 모델의 대안을 구축할 수 있는 가능성을 의심하기 시작하고 있다. 가면 갈수록 유럽연합은 본질적으로 개혁될 수 없는 신자유주의적 기획으로 감지되고 있다. 유럽연합의 기관들을 변환시키려는 노력은 부질없고, 탈퇴만이 남아 있는 유일한 해결책처럼 보인다. 의심할 바 없이, 이런 비관적 관점은 만연된 신자유주의적 지배에 도전하려는 모든 시도가 유럽연합이라는 존재 자체에 대항하는 반유럽적 공격의 표현처럼 끊임없이 묘사되어온 사실로부터 결과된 것이다. 현재의 신자유주의 정책을 정당하게 비판할 수 있는 가능성이 없는 한, 점점 더 많은 사람들이 유럽회의론으로 돌아서는 것이 그리 놀랄 일은 아니다. 그 사람들은 유럽기획 자체가 현재 우리가 처한 곤경의 원인이라고 믿으며, 더 진전된 유럽 통합은 신자유주의적 헤게모니의 강화를 뜻할 수밖에 없다고 우려한다. 이런 [비관적] 입장이 유럽 기획의 생존을 위태롭게 만들고 있는바, 이런 입장의 확산을 멈출 수 있는 유일한 방법은 유럽연합 내부에서 민주주의적 대결을 위한 조건을 창출하는 것이다.

하지만 상황이 줄곧 그렇게 어두웠던 것만은 아니다. 몇 십 년 전만 해도 유럽 기획은 많은 사람들의 열의를 일깨우고 그들의 욕망과 열망을 표출해줄 수 있는 역량을 여전히 갖고 있었다. 무슨 일이 있어왔기에 상황이 바뀐 것일까? 냉전 종식과 연관된 지정학적 변환부터 대중적 협의 없이 위로부터 부과된 유럽연합의 지나치게 빠른 확장에 대한 저항에 이르기까지 여러 가지 설명이 제시되어왔다. 가장 빈번하게 되풀이되는 비판은 유럽연합이 정당성을 결여하고 있으며, 민주주의의 결핍에 시달리고 있다는 것이다. 이런 측면에 심각한 문제가 있다는 것은 의심할 바 없으며, 금융 위기와 이에 대한 유럽연합의 강경한 긴축적 대응이 상황을 악화시킨 것은 분명하다.

내가 볼 때, 유럽연합에 대한 불만의 밑바탕에 깔려 있는 것은 유럽 시민들 사이에 강력한 동일시를 조성할 수 있고 그들의 정치적 열정을 민주적인 방향으로 동원하는 목표를 제공할 수 있는 기획이 부재하다는 점이다. 현재 유럽연합은 시민들이 아니라 소비자들로 이뤄져 있다. 유럽연합은 주로 공통의 시장을 중심으로 구축되어왔지, 유럽의 공통 의지를 창출한 적이 사실상 전혀 없다. [그러므로] 경제 위기와 긴축 정책의 시기에, 일부 사람들이 그동안 유럽 대륙에 평화를 가져오는 데 유럽연합이 거둔 중요한 성과가 무엇이었는지를 잊어버린 채 유럽연합의 유용성에 의문을 갖기 시작한 것은 당연하다. 이제 필요한 것은 사회-정치적 기획을 정교화해 유럽연합에 대한 대중적 충성을 조성하는 일이다. 내가 보기에, 그런 기획은 최근 수십 년 동안 일반적이 된 신자유주의 모델에 대한 대안을 제공하는 데 목표를 둬야 한다. 신자유주의 모델은 현재 위기에 처해 있지만, 다른 모델은 아직까지 구할 수가 없다. 안토니오 그람시를 따라 우리는, 오래된 모델은 더 이상 지속될 수 없으나 새로운 모델은 아직 등장하지 않은 '유기적 위기'*를 목격하고 있다고 말할 수 있을 것이다. 애석하게도, 신자유주의적 세계화에 대한 대안이 존재하지 않는다는 생각이 너무 오랫동안 용인되어온 탓에, 좌파는 이 [위기의] 상

---

* 안토니오 그람시는 '구조적 위기'(crisi strutturale), '유기적 위기'(crisi organica), '국면적 위기'(crisi congiunturale)를 구분한 바 있다. 경제 위기나 불황과 관련된 '구조적 위기'란 구조적 모순에 의해 예외적으로 오랫동안(또는 영구적으로) 지속되는 위기로 사회 질서의 근본적인 변혁 없이는 극복이 불가능하다. 이와 달리 상대적으로 영속적인 '유기적 위기'는 역사적 지배 블록의 정치적 결합과 관련 있는 것으로, 지배 계급의 헤게모니가 위기에 봉착하는 시기를 지칭한다. 마지막으로 '국면적 위기'는 단편적이고 일시적인 위기로 특정한 정치적 국면을 둘러싼 세력 관계의 변화와 관련 있다. 그러나 그람시의 말마따나, 이 위기들과 그에 대한 대응은 '분절'된 것이 아니라 '단락'(短絡)되어 있다. 치유할 수 없을 만큼 오래 지속되는 구조적 위기에도 불구하고 기존의 구조 자체를 유지하고 지키려는 정치 세력들은 일정한 한계 내에서 그 위기를 극복하려는 노력을 지속적으로 기울이며 이런 노력들이 특정한 '국면'의 지형을 이루는데, 바로 이 지형 위에서 세력들 간의 관계가 재편되고 조직되는 것이다.

황을 기회로 활용하지 못하고 있다. 사실상 여러 국가에서 중도 좌파 정부들은 신자유주의적 헤게모니의 강화에 기여한 탈규제와 민영화 과정에서 중요한 역할을 해왔다. 게다가 유럽 기구들도 현재의 위기에 책임져야 할 몫이 있음을 부인할 수 없다. 하지만 이 위기를 유럽 기획의 위기라고 묘사하는 것은 잘못이다. 이 위기는 신자유주의 그 자체의 위기인바, [예전보다] 더한 신자유주의적 정책으로 이 위기를 타개하려는 현재의 시도들은 성공할 수 없다.

신자유주의적으로 돌아선 탓에 유럽연합을 향한 열의가 사라졌음을 인식하는 것은, 그 대안의 정교화가 유럽 기획의 정당성을 회복시키는 데 기여할 수도 있음을 시사한다. 어떻게 대안을 구상해야 할까? 많은 좌파 경제학자들이 구체적 제안들을 정교화하느라 분주하다. 그러나 여기서 내가 그런 제안들에 관여할 입장은 아니다. 경제적 모델은 물론 중요하지만, 시민들의 유럽을 창안하는 일은 경제적 조치 이상의 것을 요구하며, 나의 주된 관심사 역시 이런 경제적 제안들을 제공하는 데 필요한 모종의 정치적 전망에 놓여 있다. 그 첫 번째 단계는 유럽연합이 영미 식 자본주의 모델과 분명히 거리를 두는 것이다. 이 말은 제2차 세계대전 이후 유럽 정치의 핵심에 있었던 사회민주주의 전통과 재접속해야 한다는 뜻이다. 분명히 이것으로는 충분하지 않다. 많은 것들이 바뀌었고, 전통적 사회민주주의로 그냥 되돌아갈 수는 없는 일이다. 수십 년에 걸친 신자유주의 정책 이후 우리가 복지국가 시절을 그리워하는 것이 놀랄 일은 아니다. 그러나 사회민주주의의 결함, 그리고 그 결함 중 상당수가 신자유주의 정당들의 성공에 기반이 되어줬다는 사실을 잊지 말도록 하자. 가령 재분배 정책의 관료주의적 실행이 정작 그 정책의 혜택을 입은 사람들을 소외시키면서 그들을 신자유주의의 수사법에 쉽게 빠져들게 만들었다는 데는 의심의 여지가 없다. 더 중요하게는, 현재의 위기가 경제적·금융적 요인들에 국한되지 않고 우리의 발전 모델 자체에도 영향을 끼치는 문명적 위기라는 것을 깨달을 필요가 있다. 여기서 관건은 사회적 권리 분야에서 사회민주주의가 갖는 긍정적 측면을 되찾아오면서도, 경제적 문제를 사회적·환경적·정치적 문제들과 통합해 몇몇 핵심 영역에서 더 전진해 나아가는 새로운 전망이다.

이런 포스트-사회민주주의적·생태적 기획의 핵심 요소는 자유무역이 진보를 이룬다는 널리 통용되는 테제에 의문을 제기하고, 좌파적 형태의 유럽 보호주의를 방어하는 것이어야 한다. 놀랄 만한 사실은, 대안세계화 운동의 몇몇 부문들을 빼고는, 자유 무역이 지구 전체에 이익을 가져다주기로 되어 있다는 데 대해 대부분이 동의하는 것처럼 보인다는 점이다. [하지만] 현실은 정반대이다. 우리는 그 적절한 예를 신자유주의적 세계화의 결과로서 벌어지고 있는 일들 속에서 찾아볼 수 있다. 자유 무역이라는 교리의 결과 중 하나는 많은 대기업들이 내수 기반의 생산 활동을 중단하고 수출 지향의 생산을 하고 있다는 점이다. 이것은 이중의 부정적 효과, 즉 내부적으로도 외부적으로도 부정적 효과를 끼친다. 기업들이 소재한 국가들[내부]의 경우, 다국적 기업들이 장악한 분야들은 국내 시장에도, 자신들의 제품을 팔기 위해 일정 수준으로 현지 고용을 유지해야 할 필요성에도 관심을 두지 않는다. 다국적 기업들의 목적은 이윤의 극대화를 위해 가능한 가장 값싼 노동력을 찾는 데 있다. 그렇기 때문에 다국적 기업들은 여러 국가들에서 실업률을 증가시키는 데 일조해 온 탈현지화를 선호하게 된다.

제품을 수입하는 [외부의] 많은 국가들과 관련해[서도], 자유 무역은 극적인 결과를 가져왔다. 현지 생산자들이 값싼 수입품과 경쟁할 수 없게 되면서 점점 더 많은 자국 산업이 파괴되어갔다. 결국 이런 상황은 점점 더 많은 사람들이 살아남을 방법을 찾겠다는 희망을 가지고 어쩔 수 없이 이주하도록 만들었다. 이런 이주자들은 유럽에 도착하는 순간, 문제의 원인이 자신들의 정책에 있다고 보지 않는 유럽인들에 의해 위협적인 존재로 여겨진다.

이런 악순환을 벗어나는 유일한 방법은 자유 무역의 이데올로기를 폭로하고, 지역적 관점에 의거해 경제 발전을 구상하는 것이다. 최근 프랑스의 몇몇 좌파 이론가들과 정치인들은 유럽 보호주의의 일부 조치들이 환경을 더 중시하는 다른 발전 모델을 수립해가는 데 중요한 일보가 될 것이라고 논증해왔다.[15] 그들은 이 보호주의가 유럽 국가들이 생태적·사회적 성격의 새로운 산업 기반을 구성하는 데 도움이 되어줄 수 있다고 주장한다. 이것은 두려움이 아니라 연대에 의해 추동되는 보호주의일 것이며, 유럽뿐만 아니라 다른 지역을 위해서도 긍정적인 결과를 가져올 것이다. 실제로 자유 무역에 비판적인 남미의 몇몇 진보 정권들이 최근, 유럽연합과 라틴아메리카의 통상 관계에 관한 협상은 자국 산업을 보호하고 유럽연합과 자신들의 경제 사이에 존재하는 비대칭성을 고려할 필요가 있음을 인식해야 한다고 강조하면서, 이와 비슷한 생각을 옹호해온 바 있다.

15) 그 예로서 다음을 참조하라. Emmanuel Todd, *Après la démocratie*, Paris: Gallimard, 2008; Armand Montebourg, *Votez pour la démondialisation!*, Paris: Flammarion, 2011.

이런 관점에서 한 가지 전략적 현안은 식량 생산 영역에 관한 것이다. 우리가 2008년에 목격한 전 세계적 식량 가격 위기는 몇몇 흥미로운 제안들을 낳은 주요 논쟁을 가져왔다. 이 제안들은 연대와 천연 자원 보호에 입각해 식량 주권에 대한 권리의 존중을 강조하고 교역의 국제적 규제를 촉구한다. 이 분야에서 활발히 활동 중인 비아 캄페시나* 같은 운동들은 거대 다국적 농업 기업들을 주요 대결자로 지목하면서 [자신들의] 투쟁의 정치적 차원을 전면에 내세워왔다. 당연히 지속 가능한 정치는 현존하는 권력 관계의 구조에 도전해야 할 것이며, 그렇기 때문에 그런 정치는 더 광범위한 정치적 기획 안에서 절합되어야만 하는 것이다. 그런 기획은 단순히 일국적인 것일 수 없고, 유럽적 수준에서 정식화될 필요가 있다. 그러므로 모든 유럽 국가의 좌파가 힘을 합쳐 대안을 위해 싸우는 것이 필수적이다.

우리는 이 지속 가능한 정치-경제적 기획에 대한 저항이 권력 단위뿐만 아니라 많은 소외 단위에서도 일어날 것임을 깨달아야 한다. 사실상 이런 기획은, 자신들의 번영과 높은 복지 수준을 줄곧 비서구 사회의 착취에 기대어온 선진 산업 사회의 삶의 방식에 근본적인 변환을 요구할 것이다. 기후 변화에 관한 논쟁은 우리 삶의 방식의 중

* Via Campesina. 스페인어로 '농민의 길'이란 뜻의 이 단체는 세계무역기구의 농업·자유무역 협정 체결을 계기로 '국경을 넘나드는 자본에 맞선 세계 농민들의 연대와 단결'을 위해 지난 1993년 유럽, 아시아, 아메리카, 아프리카의 농민 단체들이 벨기에의 몬스에 모여 결성한 초국적 농민 운동 조직이다(2018년 현재, 총 82개국 182개 농민 단체가 참여 중). 이들은 지역 농업 생산자·노동자·토착민 중심의 민주적 풀뿌리 운동을 표방하며, 수입 의존적 식량 안보 모델에 반대하는 '식량주권' 개념을 통해 토종씨앗의 보호와 소농 중심의 생태적·지역적 농업체제 보호를 주장하고, 지역·국가·국제 수준에서 농업의 생산·변형·분배 방법을 농업 생산자가 직접 통제·규정할 수 있는 권리를 요구한다.

대한 변화 없이 지구 온난화라는 쟁점을 제대로 다룰 수 없음을 이미 보여줬다. 그러나 이것은 [우리의] 희생이 있어야 할 영역 중 하나일 뿐이다. 우리는 전 지구적 불평등의 감소가 우리의 소비주의적 삶의 양식에서의 중대한 변화를 함축한다는 사실을 받아들여야 할 것이다. 정확히 그람시적인 '지적·도덕적 개혁'이 요구되며, 이것은 서구의 좌파에게 진정한 도전을 의미한다. 오랫동안 좌파의 기획은 국내 자원의 더 균등한 분배와 소외 집단들이 국가적 번영의 성과를 함께 누릴 가능성의 측면에서 구상되어왔다. 민주적이며 지속 가능한 정치는 더 이상 이런 노선을 따를 수 없다. 전 지구적 쟁점들을 다룰 수 있으려면, 좌파 정치는 서구의 시민들에게 더 이상 기존의 발전 모델에 따라 살아갈 수 없다고 말할 용기가 있어야 할 것이다. 물론 쉽지 않을 것이다. 그렇기에 중도 좌파 정당들은 대부분 이런 전 지구적 정의의 문제를 ('자선'을 수단으로 쓰든, 대형 미디어 행사로 동정심을 동원해서든) 도덕주의적 방식으로 제기하는 것을 지금껏 선호해왔다. 또 다른 [정치적] 태도는 이주 통제 정책에 맞서 싸우거나, 자본의 자유로운 이동에 대한 보상으로 전 세계 사람들의 자유로운 이동을 요구하는 것에 있다. 도덕적이 아니라 정치적인 방식으로 문제를 다루려면, 단순히 현재 우리의 소비주의적 모델의 부정적 효과를 개선하기 위한 조치들을 제안만 하는 것이 아니라 그 모델의 근본적 교리에 도전하면서, 문제의 바로 그 핵심에 다가가는 것이 필요하다.

마지막으로 유럽연합이 전 지구적 맥락에서 해야 하는 역할에 대해 말하겠다. 내가 옹호하고 있는 다극적 관점은, 유럽연합을 자유민주주의의 보편화에 근거한 범세계주의적 질서 수립의 전위로 개념화하는 것을 문제로 삼는다. 2장에서 나는 그런 전망을 제공하는 이론적 전제들에 동의하지 않는다는 점을 분명히 했다. 이 세계는 보편적 단일체가 아니라 다원체이며, 서구의 모델은 여러 다른 것들 중 단지 하나의 가능한 정치적 삶의 형태를 재현할 뿐이다. 유럽연합은 세계 통합의 전위가 아니라, 이 다극적 세계 안의 하나의 지역 축으로서 가시화되어야 한다. 그런 지역 축에는 이른바 그 합리성이나 도덕성의 형태가 우월하다는 이유로 [그것 자체에] 부여된 존재론적 특권 같은 것은 없다. 그렇다고 이 지역 축이 긍정적 역할을 할 수 없다는 뜻은 아니다. 다원주의적 접근법을 촉진함으로써, [유럽이라는] 이 지역 축은 삶의 형태와 조직화 양식의 다양성을 인정하는 경합적 세계 질서를 조성하는 데 기여할 수 있을 것이다. 물론 그런 세계 질서가 '영구적 평화'를 가져오지는 않겠지만, 적대적 형태의 대결이 일어날 기회를 감소시킬 것임은 의심할 바 없다.

4
오늘날의 급진 정치
Radical Politics Today

신자유주의의 헤게모니가 무소불위를 떨쳤던 날들이 다행히 저물고 있다. 저항 운동들이 증가하면서, 우리는 작금의 신자유주의적 세계화에 대한 대안을 가져올 수도 있을 모종의 급진 정치에 대한 관심이 다시 새롭게 일고 있는 것을 목격 중이다. 하지만 이런 급진 정치의 양상과 목적에 대해서는 전혀 일치된 바가 없다. 어떤 전략이 실행되어야 하는가? 그런 운동은 현존 제도들을 어떻게 대해야 하나?

이 장에서 나는 [그런 급진 정치의] 서로 다른 두 가지 제안을 논의할 것이다. 사회 운동들 사이에 상당한 영향력을 가진 첫 번째 제안은 '제도로부터의 이탈'이라는 전략을 추구한다. 내가 옹호하는 두 번째 제안은 '제도에 대한 개입'을 요구한다. 우선 나는 정치적 전략과 관련해 이 두 가지 제안 사이의 주요 변별점들을 살펴볼 것이며, 그런 다음에는 그 각각의 철학적 기본틀을 면밀히 검토할 것이다. 그렇게 해서 이 두 가지 개념화 사이의 정치적 불일치가 어떻게 각기 서로 다른 존재론에서 기인하는지를 보여줄 수 있게 될 것이다.

제도로부터의 이탈로서의 비판

마이클 하트와 안토니오 네그리가 『제국』(2000), 『다중』(2004), 『공통체』(2009)에서 제시한 급진 정치 모델은 근대성과의 단절을 요구하며, 또한 그들이 처음에는 '탈근대'라 불렀지만 지금은 '대안근대'라 부르기를 선호하는 다른 접근법의 정교화를 요구한다.[1] 하트와 네그리가 볼 때, 이런 단절이 요구되는 것은 지난 20세기의 마지막 10년 이래로 우리 사회가 겪은 중대한 변환 때문이다. 하트와 네그리가 포드주의에서 포스트포드주의로의 이행('노동자들'의 투쟁이 가져온 노동 과정에서의 변화)과 세계화의 결과로 제시하는 이런 변환의 요점은 다음과 같이 간단하게 요약될 수 있다.

1. 주권은 단일한 지배의 논리 아래에서 통합된 일련의 국가적·초국가적 유기체들로 구성된 새로운 형태를 취한다. 하트와 네그리가 '제국'이라 부르는 주권의 이 새로운 전 지구적 형태는 국경을 넘어 자신의 주권 확장을 꾀했던 국민국가에 기반을 둔 제국주의 시대를 대체했다. 제국주의의 단계에서 일어났던 바와는 대조적으로, 오늘날의 제국에는 권력의 영토적 중심이 없으며, 고정된 경계도 없다. 제국은 국경을 개방하고 확장하면서 전 지구적 영역을 계속 병합해 가는 탈중심화·탈영토화된 지배 장치이다.

2. 이런 변환은 소통적·협력적·정동적 노동에 의해 산업적인 공장 노동의 역할이 줄어들고 대체되는 자본주의적 생산양식의 변환

---

1) Michael Hardt and Antonio Negri, *Empire*, Cambridge, MA: Harvard University Press, 2000. [윤수종 옮김, 『제국』, 이학사, 2001]; *Multitude: War and Demo-cracy in the Age of Empire*, New York: Penguin, 2004. [정남영·서창현·조정환 옮김, 『다중』, 세종서적, 2008]; *Commonwealth*, Cambridge, MA: Harvard University Press, 2009. [정남영·윤영광 옮김, 『공통체』, 사월의책, 2014. 특히 '대안근대'에 대한 자세한 내용으로는 이 책의 2부 3절을 참조하라.]

과 관련 있다. 전 지구적 경제의 탈근대화 속에서, 부의 창출은 생명정치적 생산을 지향한다. 따라서 제국의 지배 대상은 생명권력의 전형적 형태인 사회적 삶 전체이다.

3. 우리는 '규율 사회'에서 권력의 새로운 패러다임을 특징으로 하는 '통제 사회'로의 이동을 목격 중이다. 자본주의적 축적의 첫 번째 단계에 해당하는 규율 사회에서 명령은 감옥·공장·보호시설·병원·학교 같은 규율 제도의 도움으로 관습·습관·생산적 실천을 생산·규제하는 장치들 또는 기구들의 분산된 네트워크를 통해 구축된다.

대조적으로, 통제 사회에서는 그 명령 메커니즘이 사회적 영역 안에 내재하게 된다. 사회적 통합과 배제의 양식은 시민들의 두뇌와 신체를 직접 조직하는 메커니즘을 통해 점점 더 내부화된다. 권력의 이 새로운 패러다임은 본질적으로 '생명정치적'이다. 권력에게 직접적으로 관건이 되는 것은 삶 자체의 생산과 재생산인 것이다.

4. 하트와 네그리는 '대중 지성,' '비물질적 노동,' '일반 지성' 같은 관념이 사회적 생산과 생명권력의 관계를 파악하는 데 도움이 된다고 단언한다. 예전에 잉여가치 생산에서 대공장 노동자들의 노동력이 차지했던 중심적 역할이 오늘날에는 점점 더 지적·비물질적·소통적 노동력에 의해 이뤄지고 있다. 소통, 협력, 정동의 재생산에 관련된 비물질적 노동의 형상이 자본주의적 생산의 도식에서 점점 더 중심적 위치를 차지한다는 것이다.

5. 탈근대성과 생명정치적 생산으로 이동하는 과정에서 노동력은 점점 더 집합적이며 사회적이 된다. 이런 집합적 노동자들을 일컫는 새로운 용어가 필요한데, 이것이 '다중'이다. 제국의 건설은 다양한 권력 기계와 다중의 투쟁에 대한 대응으로 간주된다. 하트와 네그

리는 말하길, 다중이 제국을 태어나게 했으며, 세계화는 그것이 이전의 착취·통제 구조를 실질적으로 탈영토화하도록 작동하는 한, 다중의 해방*을 위한 조건이다.

하트와 네그리는 항상 신뢰할 만한 방식으로는 아니지만 미셸 푸코와 질 들뢰즈의 분석을 결합해, 학교·공장·보호시설 같은 닫힌 공간에서 신체에 행사되던 규율 체계가 종식되고 네트워크의 성장과 연계된 통제 절차가 이 체계를 대체함으로써 일종의 새로운 통치가 나타나고 있다고 단언한다. 이런 지배 방식은 더 자율적이고 독립적인 형태의 주체성을 허용한다. 새로운 협동적 소통 형태가 확장되고 새로운 소통적 삶의 형태가 발명됨으로써, 이런 주체성은 스스로를 자유롭게 표현할 수 있고, 궁극적으로 자본주의 체제를 대체할 새로운 사회적 관계 형성에 기여할 것이다.

사실상 하트와 네그리는 제국으로의 이동이 다중의 해방을 위한 새로운 가능성을 열고 있다고 단호히 주장한다. 제국을 지탱하는 다중의 창조적 힘은 교역[교류]의 전 지구적 흐름과 세계화를 재조직하고 새로운 결말로 이끌기 위한 대안적 정치 조직, 즉 대항제국을 구축할 수 있다는 것이다.

---

* 다중의 '해방'과 관련해, 하트와 네그리는 'emancipation'이 아니라 'liberation'이라는 개념을 쓰며 이 두 용어의 구분을 강조한다. 전자는 정체성의 자유를 추구하는 것인데, 이렇게 정체성에 고정된 정치는 주체성의 생산을 중단시킨다. 후자는 자기 결정과 자기 변형의 자유를 목표로 하며, 주체성 생산에 관여하고 이를 장악해 계속 앞으로 나아가게 한다. Hardt and Antonio Negri, *Commonwealth*, pp.331~332. [『공통체』, 453쪽.] 이렇게 볼 때, 공통된 정치체 구축과 관련해 다중의 '해방'은 단순히 기존 체제의 구속에서 벗어나 자유를 얻는다는 의미의 'emancipation'이 아니라, 현재의 지배적 방식과 구조로부터 탈퇴[탈출]해 다중의 공통체를 새롭게 구축한다는 의미의 'liberation'이다.

자신의 저서인 『다중의 문법』(2003)에서 잘 개괄해놓았듯이, 또 다른 포스트노동자주의 이론가 파올로 비르노의 분석은 여러 측면에서 하트와 네그리의 분석과 잘 들어맞는다.[2] 그렇지만 몇몇 중요한 차이 또한 존재한다. 예를 들어 비르노는 미래에 대해 훨씬 덜 낙관적이다. 하트와 네그리가 다중의 역할에 대해 다중이 반드시 제국을 무너뜨리고 '절대 민주주의'**를 수립할 것이라는 메시아적 전망을 가지고 있는 반면, 비르노는 포스트포드주의 단계에 전형적인 새로운 형태의 주체화와 프레카리아트화를 인식하면서 작금의 전개를 양가적[모호한] 현상으로 바라본다.

사람들이 이전처럼 수동적이지 않다는 것은 사실이지만, 이것은 사람들이 이제 자기 자신의 프레카리아트화에 있어서 적극적 행위자가 됐기 때문이다. 그러므로 하트와 네그리처럼 비물질적 노동의 일반화를 '자발적 코뮤니즘'의 일종으로 보는 대신에, 비르노는 포스트포드주의를 '자본의 코뮤니즘'의 발현으로 보려고 하는 경향이 있다. 비르노가 지적하는 바에 따르면 오늘날 주도권을 쥔 자본주의는, 다른 상황에서였다면 잠재적으로 코뮤니즘의 미래를 위한 길을 열어놓을 수 있었을 바로 그 물질적·문화적 조건들을 자본주의 자체의 이익을 위해 세밀하게 조직하고 있다.

---

2) Paolo Virno, *A Grammar of the Multitude*, Los Angeles: Semiotext(e), 2004. [김상운 옮김, 『다중: 현대의 삶 형태에 관한 분석을 위하여』, 갈무리, 2004.]

** 하트와 네그리가 '절대 지배[통치]'(absolutum imperium)라는 베네딕투스 데 스피노자의 개념에서 차용한 '절대 민주주의'(absolute democracy)가 곧 '직접 민주주의'를 뜻하는 것은 아니다. 오히려 이 개념은 직접 대 간접이라는 대당을 넘어서, 민주주의의 구성원인 다중이 그 스스로 구성한 규칙을 가지고 자신의 활동을 확장해간다는 의미를 담고 있다.

다중이 스스로를 어떻게 해방시킬 수 있을지를 구상하는 데 있어서, 비르노는 포스트포드주의 시대에는 '다중의 공화체,'* 즉 자신이 이해하기로 더 이상 국가의 운영 없이 공통의 사안을 처리할 수 있는 영역[비국가적 공적 영역]을 창출하는 것이 요구된다고 선언한다. 비르노는 다중을 특징짓는 정치적 행위의 유형을 파악할 수 있는 두 가지 핵심 용어로 '엑서더스'와 '시민 불복종'을 제시한다. '엑서더스'는 근대 정치학의 도전에 맞설 수 있는 완전한 정치 행위 모델이다. 엑서더스란 작업의 외부에서, 또한 작업에 대립해 '지성의 공공성'을 발전시키는 것을 목표로, 국가에서 대거 탈퇴하는 것이다.** 이를 위해서는 비국가적 공적 영역을 발전시키고, 연합·위원회·소비에트를 중심으로 조직된 비대의적이고 초의회적인 민주주의 형태를 구축·실험한다는 측면에서 고안된 근본적으로 새로운 유형의 민주주의를 발전시키는 것이 요구된다.

---

* Republic of the Multitude. 비르노가 말하는 'Republic'은 국가를 매개로 한 전통적 정치체(통치체)의 제도나 성격을 가리키는 것이 아니라, 다중의 정치적 행위에 의해 새롭게 창출된 비국가적 정치 공통체를 가리킨다. 따라서 공화국이나 공화제가 아닌 '공화체'로 번역해 그 의미를 강조했다.

** 비르노에 따르면 '엑서더스' 모델은 "홉스, 루소, 레닌, 슈미트가 명확히 했던 [근대 정치적] 거대 주제들과 대결할 수 있는 모델"이다. 말하자면, 엑서더스는 근대 정치학에서 정의된 내용들에 맞서 다중의 '공통적 문제/사안의 영역'을 처음부터 다시 정의할 수 있으며, 이를 통해 새로운 해방의 기회를 끌어낼 수 있는 다중의 가장 중요한 정치적 행위이다. 비르노는 이런 정치적 행위를 인간의 세 가지 기본 활동 중 하나인 '작업'과 대척점에 놓으면서, 다중의 '공적 지성'과 정치적 행위의 공조 내지 결합을 주장한다. Paolo Virno, "Virtuosity and Revolution: The Political Theory of Exodus," *Radical Thought in Italy: A Potential Politics*, ed. Paolo Virno and Michael Hardt, Minneapolis: University of Minnesota Press, 1996, pp.196~197. [『다중』, 213~215쪽.]

다중의 민주주의는 결코 자신들을 다수로 변환하려 갈망하지 않으며, 통치체가 되기를 거부할 역량을 발전시키는 행동하는 소수들의 총체 속에서 스스로를 표출한다. 이것은 '일치 속에서 행동하기'인바, 최고 권력을 해체하려는 경향이 있지만 그 스스로 국가가 되는 쪽으로 경도되지는 않는다. 그렇기 때문에 시민 불복종은 그것이 일반적으로 자리하는 자유주의 전통에서 해방될 필요가 있다. 다중의 경우에 '시민 불복종'은 특정한 법의 무시를 뜻하지 않는다. 왜냐하면 [다중의] 시민 불복종은 헌법의 원칙을 따르지 않기 때문이다. 헌법의 원칙을 따른다는 것은 여전히 국가에 대한 충성을 표현하는 방법일 테니 말이다. 여기서 관건이 되어야 하는 것은 명령[지배]하는 국가의 바로 그 능력에 의문을 제기하는 급진적 불복종이다.

다중의 해방에 더 적합한 유형의 정치 행위와 관련해, 비르노는 마찬가지로 도주와 엑서더스를 옹호하는 하트·네그리와 근본적으로 다르지 않다. 저항의 근본 형태가 규율의 시대에서는 사보타주였다면, 제국적 통제의 시대에서는 도주라고 그들은 주장한다. 그야말로 도주를 통해, 권력의 장소로부터의 철수를 통해 제국에 맞선 전투에서 승리할 수 있다고 그들은 생각한다. 그들에게 도주와 엑서더스는 제국의 탈근대성에 대항하는 강력한 계급 투쟁의 형태이다.

하트·네그리와 비르노 사이의 또 다른 주요 일치점은 다중의 민주주의에 대한 그들의 개념화와 관련된다. 물론 비르노는 '절대 민주주의'라는 용어를 일절 사용하고 있지 않지만, 다중과 [대문자] 인민***의 극명한 대립을 묘사하고 대의 민주주의 모델을 거부하는 모

*** 이 장에서 사용되는 '인민'은 모두 '대문자 인민'(the People)이다.

습이 그들 모두에게서 발견된다. 그들의 주장에 따르면, 인민 개념은 단일한 의지를 지닌 하나의 통일체로 대표/재현되고, 국가의 현존과 결부지어진다는 문제가 있다. 이와 반대로, 다중은 정치적 통일성을 기피한다. 다중은 특이성을 지닌 다양체이기 때문에 대표/재현될 수 없다. [그렇기 때문에] 다중은 법적 인격의 지위를 결코 획득할 수 없으며,* 일반 의지로 전혀 수렴될 수 없는 능동적인 자기-조직적 행위자이다. 다중은 반反국가이며 반反인민적이다. 하트와 네그리처럼, 비르노 역시 다중의 민주주의는 더 이상 인민을 대표/재현하는 주권적 권위의 측면에서 생각될 수 없으며, 비대의적인 새로운 형태의 민주주의를 필요로 한다고 주장한다.

이런 접근법에 따라, 다중의 자기-조직화를 조성하고자 현존하는 제도로부터 '이탈'한다는 측면에서 급진 정치가 구상된다. 이런 전략은 비물질적 노동의 중심성을 특징으로 하는 새로운 포스트포드주의적 생산 형태에서 자본가가 더 이상 생산의 조직화에 필수적이지 않다는 주장에 의해 정당화된다. 자본가는 어떤 긍정적 역할도 하지 못한 채, 일반 지성이 생산하는 가치를 단순히 전유하기만 하는 기생물이 됐다. 자본주의는 제 자신의 무덤을 파는 사람을 만들어낸다는 칼 맑스의 단언**을 떠올리게 하는 내용을 통해, 하트·네그리와

* "[토머스 홉스에 따르면] 다중은 자신의 고유한 권리를 주권자에게 결코 양도하지 않기 때문에 법적 인격의 지위를 획득하지도 못한다. 말하자면 다중은 (다원적 특성이라는) 자신의 존재 양식과 행동 양식에 의해 이런 '양도'를 금지한다." Virno, *A Grammar of the Multitude*, p.23. [『다중』, 41쪽.]

** "부르주아 계급은 무엇보다도 자기 자신의 매장인[무덤을 파는 사람들]을 만들어낸다." 칼 맑스·프레드리히 엥겔스, 최인호 옮김, 「공산주의당 선언」, 『칼 맑스·프레드리히 엥겔스 저작 선집』(제1권), 박종철출판사, 1991, 412쪽.

비르노는 '인지 자본주의'의 발전이 저 기생하는 자본가들의 몰락을 위한 조건을 창출한다고 본다. 다중은, 자본가들이 사력을 다해 다중을 노예 상태로 잡아두는 데 이용하는 모든 제도로부터 스스로 철수함으로써 이 과정을 가속화해야만 하는 것이다.

제도에 대한 헤게모니적 개입으로서의 비판

이와 같은 '이탈' 전략과는 대조적으로, 나는 [지금과는] 다른 헤게모니를 가져오는 것에 목표를 두고, 제도에 대한 '개입'의 측면에서 다르게 구상되는 급진 정치의 개념화를 제공하고자 한다. 포드주의에서 포스트포드주의로의 이행이 가져온 자본주의적 조절 양식에서의 결정적 변환을 고려할 필요성에 대해서는 [이탈 전략을 주장해온] 앞서의 저자들에게 동의한다. [그러나] 덧붙이자면, 이런 변환을 단순히 기술적 진보의 결과로 여겨서는 안 된다. 내가 보기에, 어쨌든 이런 이행은 헤게모니 이론의 틀 안에서 더 잘 파악된다. 수많은 요인들이 이런 이행에 원인들을 제공했으며, 따라서 그 요인들 간의 복잡한 절합을 인식할 필요가 있다.

노동자주의적·포스트노동자주의적 관점의 문제는 하나의 단일한 논리가 포드주의에서 포스트포드주의로의 이행을 추동한 것으로 보는 경향이다. 즉, 착취 과정에 대한 노동자들의 저항이 자본가들로 하여금 생산 과정의 재조직과 비물질적 노동이 중심이 되는 포스트포드주의로의 이동을 강제했다는 것이다. 그 관점에서 볼 때 자본주의는 반작용적[반동적]일 수밖에 없다. 요컨대 그런 관점은 자본과 노동 양자의 창발적인 역할을 인정하려 하지 않는다. 그 관점이 부인하는 것은 사실상 이런 이행에서 헤게모니 투쟁이 행한 역할이다.

포드주의에서 포스트포드주의로의 이행을 헤게모니 투쟁의 측면에서 구상한다는 것은 하나의 단일한 논리, 즉 노동자들의 투쟁만이 노동 과정의 진화 속에서 작용한다는 관점을 버린다는 뜻이다. 이것은 이 이행에서 자본이 행한 주도적 역할을 인정한다는 뜻이다. 자본의 이런 역할을 파악하기 위한 흥미로운 통찰을 우리는 뤽 볼탕스키와 이브 샤펠로의 연구에서 발견할 수 있다. 『새로운 자본주의 정신』(1999)에서 볼탕스키와 샤펠로는 1960년대에 전개된 새로운 운동들이 만들어낸 자율성의 요구를 자본가들이 어떻게든 이용해 포스트포드주의적으로 네트워크화된 경제의 발전에 얽어매고 새로운 통제 형태로 변환시켜낸 방식을 밝히고 있다.[3] 자신들이 대항문화의 미학적 전략들(진정성의 추구, 자주관리의 이상, 반위계적 시급성)을 가리키기 위해 지칭하는 '예술적 비판'이라는 것이, 포드주의 시기의 특징인 규율적 틀을 대체하면서 새로운 자본주의적 조절 양식이 요구하는 조건들을 촉진시키는 데 이용됐다는 것이다.

내가 볼 때 이 접근법의 중요한 점은, 포드주의에서 포스트포드주의로의 이행의 핵심 측면이 얼마나 기존의 담론과 실천을 담론적으로 재절합하는 과정에 있는지를 보여주는 데 있다. 바로 이 때문에 이 접근법은 이런 이행을 헤게모니적 개입의 측면에서 가시화시킬 수 있는 것이다. 물론 이 용어를 전혀 사용하지는 않지만, 볼탕스키와 샤펠로의 분석은 안토니오 그람시가 '중화를 통한 헤게모니' 또는 '수동 혁명'이라 부른 것, 즉 헤게모니 질서에 도전하는 요구들이 기

3) Luc Boltanski and Eve Chiapello, *The New Sprit of Capitalism*, London: Verso, 2005.

존 체제에 의해 전유되어 그 전복적 잠재력을 중화하는 방식으로 그 요구들을 충족시키는 상황에 대한 명확한 예시이다.

이와 같은 [분석]틀을 통해 포드주의에서 포스트포드주의로의 이행을 파악한다면, 이 이행은 1960년대 후반~1970년대 초반에 심각하게 도전받은 자신의 정당성을 회복하고 주도적 역할을 재확립하려는 자본에 의한 헤게모니적 움직임으로 이해될 수 된다. 그렇게 해서 궁극적으로 우리는 새로운 포스트포드주의적 자본주의 조절 양식을 단단히 고정시키는 마디점nodal points이 수립되어 있는 다양한 분야에서 대항헤게모니적 공격을 개시함으로써 새로운 자본주의 질서에 도전하는 방법을 구상할 수 있게 될 것이다. 이것은 단지 현재의 헤게모니 구조를 구성하고 있는 담론적 절합의 상이한 요소들을 [제각기] 분리시키는 것만으로는 이뤄질 수 없는 복잡한 과정이다. 결정적인 것은 두 번째 순간, 즉 재절합의 순간이다. 만일 그렇게 되지 않으면, 우리는 비진보적인 세력들이 재절합을 시도할 수 있는 기회를 열어놓게 되면서 [위기의] 순수한 산포라는 혼란스러운 상황에 직면하게 될 것이다. 실제로 지배 질서의 위기가 우파적 해법으로 이어진 수많은 역사적 상황의 사례들이 있다. 현존하는 헤게모니에 대한 비판과 탈구는 도주의 관점에서는 생각해볼 수 없다. 왜냐하면 그런 비판과 탈구는 재절합의 과정과 함께 가야만 하기 때문이다.

엑서더스의 이론가들만이 이 탈-절합[탈구]과 재-절합의 이중적 순간을 놓치고 있는 것은 아니다. 물신화나 허위 의식이라는 관념에 의존하는 모든 접근법들, 그러니까 억압과 권력에서 자유로운 새로운 질서를 가져오려면 이데올로기의 무게를 걷어내는 것으로도 충분하다고 믿는 접근법들도 마찬가지로 이 순간을 놓치고 있다.

이 두 가지 전략[이탈과 개입] 사이의 또 다른 변별점은, 헤게모니 정치가 다양한 민주주의적 요구들 사이의 '등가 사슬'을 수립하는 데 중요성을 부여하는 것에서 비롯된다. 이 요구들이 반드시 수렴하는 것은 아니며, 심지어 서로 갈등적일 수 있다는 것은 분명하다. 이런 요구들이 현존하는 권력 관계의 구조에 도전하는 주장이 되기 위해서는 정치적으로 절합될 필요가 있다.

여기서 관건은 공통 의지, 즉 '우리'의 창출인데, 이것은 '그들'에 대한 규정을 요구한다. 다중의 여러 옹호자들, 즉 다중이 본래부터 단일성을 부여받았으며 정치적으로 절합될 필요가 없다고 믿는 사람들은 공통 의지의 단일성을 확보해주는 '그들'에 대한 이 요구를 부정한다. 가령 비르노에 따르면, 다중을 구성하는 특이성에는 이미 공통된 무엇, 즉 일반 지성이 존재한다. 동질적이며, 다층성의 여지를 남겨두지 않는 단일한 일반 의지로 표상되는 인민 개념에 대한 비르노의 비판(하트와 네그리도 공유하는 비판)은, 등가 사슬을 통한 인민의 구축을 겨냥하는 순간, 완전히 부적절해진다. 사실 이 경우[등가 사슬을 통한 인민의 구축]에 우리가 다루고 있는 것은 다양성을 존중하며 차이를 지우지 않는 형태의 단일성이다. 등가 관계는 차이를 제거하지 않는다. 차이를 제거할 경우 등가 관계는 동일성에 불과해질 뿐이다. 민주적 차이들을 모두 부정하는 힘이나 담론에 맞서게 되는 경우에만, 그 차이들은 서로를 대신할 수 있게 된다. 이것이 바로 집합적 의지를 구축하려면 대결자를 지정해야 하는 이유일 것이다.

그런 대결자는 '제국' 같은 광범위한 일반적 용어를 통해서나 '자본주의'라는 사안의 측면에서 규정될 수 있는 것이 아니라, 새로운 헤게모니의 조건을 창출하기 위해 목표로 삼아 변환시켜야 하는 권력의 마디점이라는 측면에서 규정될 수 있다. 다층적인 현장에서 '진지전'(그람시)이 개시되어야 하며, 그러려면 다수의 행위자들, 즉 사회운동, 정당, 노동조합 사이에서 시너지 효과를 만들어낼 필요가 있다. 여기서 관건은 국가나 여러 제도들을 '소멸'시켜 다원주의를 조직하는 것이 아니다. 오히려 의회 안팎의 투쟁을 결합시켜, 평등의 원칙을 가능한 한 많은 사회적 관계들로 확장시킬 수많은 민주적 요구의 표현 수단이 되도록 이 제도들을 근본적으로 변환시켜야만 한다. 이것이 헤게모니적 접근법을 통해 급진 정치를 구상하는 방법이며, 이런 기획에는 제도에 대한 경합적 개입이 필요하다.

최근 몇 년간 남미의 진보 정권들이 일궈낸 중요한 민주주의의 진전들은 대의적 정치 형태를 통해 근본적으로 제도를 변환시킬 수 있는 가능성을 증명해준다. 베네수엘라, 볼리비아, 에콰도르, 아르헨티나, 브라질에서 좌파 정부는 신자유주의 세력에 도전장을 내밀며 대중 부문들의 상황을 현저히 개선시킨 일련의 개혁을 실행할 수 있었다. 국가와 다양한 사회 운동들의 공조가 이것을 가능하게 만들었다. 이 경험들은 엑서더스의 이론가들이 주장하는 것과는 다르게, 국가와 대의 제도들이 사회 변화에 장애물이 되는 것이 아니라 사회 변화에 결정적으로 기여할 수 있음을 입증해준다.

특히 아르헨티나의 사례는 나의 논의와 관련해 흥미롭다. 엑서더스 관련 문헌들에서는 공통적으로 피케테로스*에 대한 찬사가 발견

---

* piqueteros, 문자 그대로는 '피켓을 든 사람들'을 뜻한다. 스페인어 피켓(piquete)은 (시위할 때 구호 등을 적어 사용하는) '팻말'뿐만 아니라 '말뚝'이라는 뜻도 같이 갖고 있는데, 이들이 주로 말뚝으로 도로를 봉쇄하며 시위를 벌인 데서 이런 명칭이 붙었다. 피케테로스 운동은 1996년 아르헨티나의 국영 석유회사인 국영

된다. 피케테로스는 실직 노동자들이 주를 이뤘던 빈민 운동으로, 이 노동자들은 1990년대 말 카를로스 메넴 대통령의 신자유주의 정책에 항의하기 위해 도로를 봉쇄하는 피켓 시위를 조직하기 시작했다. 2001~02년의 경제 위기 동안에 피케테로스는 협동 조합의 형태로 스스로를 조직했으며, 2001년에 페르난도 데 라 루아 정권을 퇴출시킨 대중 시위**에 대단히 적극적으로 임했다.

유전(Yacimientos Petroliferos Fiscales)이 민영화되면서 해고된 노동자들이 파타고니아 북부와 아르헨티나 전역을 연결하는 22번 국도를 봉쇄하면서 시작됐다. 이와 같은 도로 봉쇄 시위는 이듬해인 1997년에는 전국적으로 140건이 일어났으며, 2002년 상반기에만 1,609건이 일어났다.

** 2001년 아르헨티나에서 일어난 대중 시위의 배경에는 1970년대 이후부터 지속적으로 심화되어온 경제 위기와 정치·사회 불안이 놓여 있다. 1976년 쿠데타로 집권한 군사 정권의 사회·경제 실책의 후과(後果)는 군부 독재를 종식시켰으나 1983년에 등장한 라울 알폰신의 문민 정부에서도 그대로 이어졌다. 알폰신 대통령이 통화 정책의 실패로 조기에 물러난 뒤 1989년에 집권한 카를로스 메넴 정권은 심각한 경제 불황과 막대한 외채 부담을 해소한다는 명목 아래 공기업 사유화, 긴축 재정, 규제 완화 등 신자유주의적 사회·경제 정책을 공격적으로 펼쳤다. 그렇지만 1998년 외환 위기 사태가 남미 전체로 확산되면서 아르헨티나 페소를 미국 달러 가치에 연동시켜 놓은 태환 정책은 수출 급감, 생필품 가격 상승, 마이너스 경제 성장률, 자본의 해외 유출과 외채 규모 급증, 외채 상환 능력의 상실 등 일련의 심각한 경제 위기 사태를 발생시켰다. 이런 상황에서 1999년에 집권한 페르난도 데 라 루아 정권은 국제통화기금에 구제 금융을 신청하고 강력한 긴축 정책과 구조 조정을 단행하며 사태를 수습하려고 했으나, 대규모 정리 해고와 높은 실업률로 사회적 불안만 가중시켰다. 2001년 12월 정부가 자금의 해외 유출과 뱅크런 사태를 막기 위해 해외 송금 제한 및 은행 계좌 동결 조치를 발표하자 이에 반대하는 강력한 반정부 대중 시위가 전국적으로 일어났고 정부의 무력 진압으로 사망자가 발생했다. 연일 강하게 이어지는 시위대의 퇴임 요구와 사회적 동요로 정치력을 잃은 데 라 루아 대통령은 집권 2년 만에 결국 사임을 발표하고, 그 직후 아르헨티나 정부는 대외 부채 상환의 중단(디폴트)을 선언했다.

"모두 다 꺼져라"Que se vayan todos라는 구호를 내세우며 피케테로스는 모든 [기성] 정치인들에 대한 거부를 선언하고, 대중 부문의 자기-조직화를 요구했다. 포스트노동자주의 이론가들은 이 피케테로스를 다중의 정치적 표현의 범례적 사례로 보며, 그들이 취한 정당과의 공조 거부를 도주 전략의 한 모델로서 제시한다. 그러나 포스트노동자주의 이론가들은 피케테로스 운동이 보여준 것이 정확히 그런 전략의 한계라는 사실을 인식하지 못하는 것 같다. 분명 피케테로스는 대통령을 몰아내는 데 일익을 담당했지만, 대안을 제시해야 할 순간이 다가왔을 때 선거 참여를 거부함으로써 이후의 사태 진행에 전혀 영향을 끼칠 수 없게 됐다. 네스토르 키르치네르가 대통령 선거에서 승리해 아르헨티나의 경제를 회복시키고 빈민층의 상황을 개선하기 위한 진보적 조치들을 실행하기 시작하지 않았다면, 대중 시위의 결과는 완전히 달라졌을 수도 있다.

네스토르 키르치네르와 크리스티나 페르난데스 데 키르치네르의 집권 아래***에서 민주주의가 진전될 수 있었던 것은 아르헨티나가 직면한 사회적·사회경제적 도전을 해결하려는 목표를 두고 정부와 (키르치네르의 공조 제안을 수용한 일부 피케테로스 그룹도 포함된) 일련의 사회운동들 사이에서 이뤄진 시너지 효과 덕분이었다. 아르헨티나의 사례는 도주 전략의 성공 사례를 제공하기는커녕 그 전략의

*** 아르헨티나의 경제 위기와 대규모 반정부 대중 시위의 여파로 2001년 12월 데 라 루아 대통령이 사임한 뒤 2년 만에 치러진 대통령 선거(2003년)에서 인민주의적 개혁주의를 표방한 페론주의자 네스토르 키르치네르가 정의당 후보로 당선돼 2007년까지 집권했다. 그 뒤 네스토르의 부인이자 상원의원인 크리스티나 페르난데스 데 키르치네르가 2007년 대통령 선거에 같은 정당의 후보로 나와 당선됐고, 2011년 재선을 거쳐 2015년까지 집권했다.

결함을 드러낸다. [따라서 오히려] 이 사례는 제도적 틀 내부에서 권력의 배치를 변환시키려는 공통의 싸움을 전개할 때 의회 안팎의 투쟁을 결합시키는 것이 중요함을 보여준다.

바로 이런 이유 때문에, 스페인의 인디그나도스[분노한 사람들] Indignados나 다양한 형태의 '점거 운동' 같은 최근의 시위 형태들에 공감하면서도, 엑서더스 모델에서 영감을 받아 그 시위들이 채택한 일종의 반제도적 전략에 대한 우려가 존재하는 것이다. 물론 이런 운동들은 매우 다양하며 모두 다 엑서더스 이론가들의 영향을 받은 것은 아니지만, 그 상당수가 대의 민주주의에 대한 이 이론가들의 전면적 거부를 공유한다. 더욱이 그 운동들은 사회 운동이 스스로의 힘으로, 국가나 다른 형태의 정치적 제도의 필요 없이도 '진정한' 민주주의가 존재할 수 있는 새로운 유형의 사회를 불러올 가능성이 있다고 믿기도 한다. [그러나] 어떤 제도적 중계도 없다면 사회 운동들이 권력 구조에 모종의 중대한 변화를 가져오지는 못할 것이며, 신자유주의적 질서에 맞선 그들의 저항은 곧 잊힐 위험에 처하게 된다.

내재주의 대 근본적 부정성

지금까지 '이탈'과 '개입'이라는 두 가지 접근법의 정치적 전략을 대조해봤으니, 이제는 그 각각의 철학적 공준을 면밀히 검토해보려 한다. 나의 주장은, 엑서더스 접근법이 옹호하는 종류의 급진 정치는 정치에 대한 그릇된 이해, 즉 근절 불가능한 적대의 차원을 지닌 '정치적인 것'을 인정하지 않는 데서 비롯된다는 것이다. 하트와 네그리가 옹호하는 엑서더스 전략은 그 주된 존재론적 지형이 다층적[다중적]으로 이뤄져 있는 내재성의 존재론에 입각해 있다.

이런 내재주의적 존재론의 문제는 근본적 부정성, 즉 적대를 설명하지 못하는 그 무능함에 있다. 사실, 이 이론가들의 작업 안에는 부정[에 대한 내용]이 존재하며, 이들은 '적대'라는 용어를 사용하기도 한다. 그러나 이때의 부정은 근본적 부정성으로 구상된 것이 아니라, 변증법적 모순의 양태나 실질적인 반대[물]로서만 여겨진다. 사실상 엑서더스 전략은 맑스에게서 볼 수 있는 공산주의라는 관념을 다른 용어로 재정식화한 것이며, 포스트노동자주의자들의 관점과 전통적인 맑스주의적 개념화 사이에는 유사성이 분명히 존재한다. 물론 포스트노동자주의자들의 경우, 특권화된 정치적 주체는 더 이상 프롤레타리아트가 아니라 다중이다. 하지만 양쪽 모두의 경우에서 국가는 변환될 수 없는 일괴암적 지배 장치로 간주된다. 법, 권력, 주권을 초월한 사회이자 화해된 사회에 여지를 두기 위해 국가는 '소멸'되어야 한다. 실로 [그들이 지향하는] 절대 민주주의는, 다중이 법이나 국가의 필요 없이도 스스로를 무매개적으로 통치할 수 있으며 일치되어 행동할 수 있는 정치와 주권을 초월한 사회, 즉 적대가 사라진 사회를 향한 구원적 도약의 가능성을 전제한다.

만일 우리의 접근법이 '포스트맑스주의적'이라 불려왔다면, 그 이유는 정확히 우리가 [맑스주의를 표방하는 포스트노동자주의자들 식의] 그런 개념화에 토대를 둔 존재론의 유형에 도전해왔기 때문이다. 에르네스토 라클라우와 내가 『헤게모니와 사회주의 전략』[4]에서 보

4) Enersto Laclau and Chantal Mouffe, *Hegemony and Socialist Strategy: Towards Radical Democratic Politics* (1985), 2nd ed., London: Verso, 2001. [이승원 옮김, 『헤게모니와 사회주의 전략』, 후마니타스, 2012.]

여줬던 것처럼, 부정을 적대의 양태로 구상하기 위해서는 다른 존재론적 접근법이 필요하다. 동질적이며 포화된 사회적 공간이라는 내재주의적 관념을 포기하지 않고 이질성의 역할을 인정하지 않으면서 근본적 부정성에 대해 여지를 갖는 것은 불가능하다. 라클라우가 지적한 것처럼, 사실 적대의 양극은 동일한 재현의 공간에 속해 있지 않으며, 서로에 대해 본질적으로 이질적이다. 이런 축소 불가능한 이질성으로부터 적대의 양극이 출현하는 것이다.[5]

바로 이런 이유에서 정치는 언제나 적대가 종횡으로 교차하는 영역에서 발생한다. 이 정치를 '일치 속에서 행동하기'로 구상하게 되면 내가 '정치적인 것'이라 부르는 적대의 존재론적 차원은 지워지게 되며, 따라서 정치의 유사-초월적인 가능성의 조건이 제공된다. 공동선에 대한 자신들의 관점을 보편적인 것의 '진정한' 현현으로 제시하는 데 목표를 두고 서로 갈등하는 헤게모니적 기획들 간의 투쟁은 항상 존재할 것이며, 그 갈등을 합리적으로 해결하기란 결코 가능하지 않을 것이다. 정치적 비판에 관한 한, 그것은 결코 단순한 반대이거나 도주로 여겨질 수 없다. 왜냐하면 정치적 비판은 현존하는 헤게모니의 구성 요소들을 탈구/재절합하기 위해 바로 그 헤게모니의 특정한 측면에 늘 개입하기 때문이다.

여기서 내가 강조하고 싶은 바는, 대항헤게모니적 개입의 목표는 '진정한 현실'이나 '진정한 이해관계'를 밝히는 것이 아니라 주어진 상황을 새로운 배치로 재절합하는 것이라는 점이다. 이런 측면에서

---

5) Ernesto Laclau, "Floating Signifiters and Social Heterogeneity"(Ch.5), *On Populist Reason*, London: Verso, 2005, pp.129~156.

비판의 과정을 구상해보면, 브뤼노 라투르가 단언해온 것과는 달리, 비판이 아직 제 기력을 다하지 않았음이 드러난다. 라투르는 비판이 [당면 문제와 관련된] 편견과 환상의 정체를 훌륭히 폭로해왔음을 인정하지만, 자연과 문화의 뚜렷한 구분에 의존하고 외양의 베일 뒤에 '진정한' 세계가 존재한다고 가정해왔기 때문에 결국 그 한계를 드러냈다고 주장한다. 오늘날 그런 세계가 존재하리라는 믿음은 신뢰를 잃었으며, 따라서 라투르는 이제 [비판을 넘어서] 대안을 찾아야 할 때라고 말한다. 라투르는 자신의 기획을 다음과 같은 질문의 형태로 설명한다. "사실물에서 현실을 **빼지** 않고 사실물에 현실을 **더하는** 누군가의 에토스 안에 존재하는 비판의 충동을 변환시키는 것이 정말 가능한가?"[6] 라투르는 바로 이런 대안을 '조립주의'라는 이름으로 제시한다. 한편에는 자연·객체성·현실을 두고, 다른 한편에는 문화·주체성·외양을 두는 식으로 갈라치는 것을 극복하기 위해 라투르가 제안하는 해법은 공통의 세계를 '조립'하는 것이다. 조립주의를 비판과 대비하면서, 그리고 이 세계 너머의 세상에 대해 비판이 갖는 믿음과 대비하면서, 라투르는 이렇게 선언한다. "조립주의에게 저 너

---

6) Bruno Latour, "Why Has Critique Run out of Steam?: From Matters of Fact to Matters of Concern," *Critical Enquiry*, vol.30, no.2, Winter 2004, p.232. ['사실물'(사실의 대상/matters of fact)과 '우려물'(우려의 대상/matters of concern)은 서로 짝을 이루는 용어로, 브뤼노 라투르의 핵심적 사유를 드러내는 중요한 개념이다. 전자가 감각 정보처럼 '논쟁의 여지가 없는 것'과 관련된다면, 후자는 이론·의견·해석·가치처럼 '논쟁의 여지가 있는 것'과 관련된다. 즉, '사실물'이 당연하며 명백한 사물/대상으로 인식되는 것이라면, '우려물'은 논쟁적인 사물/대상으로 인식되는 것이다. 라투르는 '사실물'의 관점을 근대성의 특징적 요소인 '비판'의 특성이자 한계로 지적하며, '우려물'로 관점을 이동하는 것을 대안으로 제시한다.]

머의 세상이란 없다. 조립주의는 전적으로 **내재성**에 관한 것이다."[7] 조립주의자들에 따르면, 이 말은 구성된 것과 구성되지 않은 것 간의 대립을 폐기해야 한다는 뜻이다. 그 대신에, 그 무엇이 좋게 구성됐느냐 나쁘게 구성됐느냐를 문제 삼아야 하는 것이다.

나는 인간 주체와 비인간 객체의 근본적인 구분을 상정하는 전통적인 근대적 인식론에 도전하는 것이 중요하다는 라투르의 주장에 동의한다. 우리의 담론적 접근법은 여러 면에서 라투르의 조립주의와 잘 들어맞는다. 물론 서로가 탐구하는 분야의 성격이 똑같지 않기 때문에 많은 차이가 존재한다. 하지만 문화와 자연 사이의 분리를 거부하고 그 자신이 '우려물'이라 부르는 것과는 독립적인 사실의 세계가 존재한다는 테제를 거부한다는 점에서, 라투르와 나는 대체로 동일한 인식론적 진영에 속해 있다고 말할 수 있다.

그러나 정치적인 것의 문제를 구상하는 데 있어서 [우리 사이에는] 중요한 변별점이 존재한다. 라투르처럼 공통의 세계가 '조립'되어야 한다고 말하는 대신에 라클라우와 나는 '절합'되어야 한다고 주장하는데, 아마도 이 점을 지적하는 것이 그 변별점의 성격을 이해하는 가장 좋은 방법일 것이다. 이런 용어상의 차이는 조립의 과정이 언제나 권력 관계의 영향을 받는 지형 안에서 일어난다는 사실, 혹은 우리 식으로 말하면 공통의 세계는 언제나 '헤게모니적' 구축의 결과라는 사실을 강조하려는 의도에서 그런 것이다. 결론적으로, 이 세계가 나쁘게 혹은 좋게 구성됐는지를 묻는 것으로는 충분하지 않다. 그 조

---

7) Bruno Latour, "An Attempt at a 'Compositionist Manifesto'," *New Literary History*, vol.41, no.3, Summer 2010, p.475.

립에 작용하는 권력 관계 또한 검토할 필요가 있다. 라투르는 "조립된 것은 어떤 점에서든 **탈**조립될 수도 있다"[8]고 말한다. 그렇다. 이것이 바로 라클라우와 내가 대항헤게모니 투쟁의 구성요소인 탈구/재절합 과정이라 지칭하는 것이다. 그렇지만 이 과정은 대단히 정치적이며, 상황이 '좋은' 방식으로 조립됐는지 아니면 '나쁜' 방식으로 조립됐는지를 제3자가 공정하게 판단할 수 있는 중립적 지형에서 일어나지 않는다. 공통적인 것의 헤게모니적 절합에서 관건은 갈등하는 이해관계이며, 바로 이 때문에 비판이라는 요소는 탈구(**탈**조립)하려는 어떤 시도에도 항상 개입하게 되는 것이다. 내가 봤을 때, 결함을 지닌 인식론에 근거한다는 이유로 비판의 차원을 제거하려는 라투르의 조치나, 비판의 충동을 조립주의로 돌려 전용하려는 그의 시도는, 권력 관계를 밝혀내고 그 관계에 도전할 수 있는 가능성을 가로막기 때문에 [비판이 지닌] 정치적 효력의 힘을 빼앗아버린다.

내가 제시하고 싶은 바는, 정치에 관한 한, 우리의 담론적인 헤게모니적 접근법과 라투르의 조립주의 간의 변별성은 서로 다른 존재론에서 비롯됐다는 것이다. 이 점은 근본적 부정성과 적대의 근절 불가능성을 인식하지 못하는 내재주의적 접근법의 무능함과 관계가 있다. 매우 상이한 정치적 전략의 맥락에 놓여 있기는 하지만, 엑서더스 이론가들과 마찬가지로 라투르의 조립주의도 사회적인 것의 분할을 설명할 수 없는 존재론에 기대고 있다는 데 문제가 있다. 하트와 네그리의 경우, 이런 문제 때문에 언젠가 다중이 제국에 승리해 도달하게 될 '절대 민주주의'의 가능성을 믿게 되는 것이다. 라투르는 이런

8) Latour, "An Attempt at a 'Compositionist Manifesto'," p.474.

종류의 메시아주의와는 아주 거리가 멀고, 자신의 정치가 급진적인 척하지도 않는다. 그러나 라투르의 조립주의 역시 어떤 종류이든 사회 질서의 헤게모니적 성격을 인식하는 것이 불가능하다.

또한 이 두 경우 모두 현존하는 권력 관계의 근본적인 변환을 목표로 '진지전'을 가시화할 수 있는 가능성을 배제한다. 사회-경제적 질서의 헤게모니적 성격을 파악하는 데 실패한 탓에 하트와 네그리는 재절합의 내적 과정을 통해 그 질서를 변환시킬 수 있는 가능성을 구상할 수 없다. 라투르는 당연히 사실물을 우려물로 전환시키고 싶어 하며 토론과 대결을 예찬한다. 하지만 라투르의 정치적 태도는, 내가 1장에서 논의한 결함들을 지닌 '적대 없는 경합'에 가깝다. 즉, 여기에 결여되어 있는 것은 정치적인 것의 적대적 차원이다.

공산주의냐 급진 민주주의냐?

근본적 부정성을 인식하고 분할과 권력을 초월한 사회라는 관념을 버리는 것이 중요하다는 나의 주장을 감안해본다면, '공산주의라는 이념'을 복원하려는 일부 좌파 지식인들의 시도[9]에 내가 동의하지 않는다는 것이 그리 놀랄 일은 아닐 것이다. 그들은 '공산주의 가설'이 해방의 정치를 구상하는 데 절대적으로 필요하다고 주장한다. 그들의 논의에 따르면, 평등주의적 이상은 공산주의의 지평과 상당히 본질적으로 이어져 있고, 그렇기 때문에 평등주의적 이상의 미래는 그런 [공산주의] 모델을 되돌리는 데 달려 있다.

---

9) Costas Douzinas and Slavoj Žižek, ed., *The Idea of Communism*, London: Verso, 2010.

소비에트 모델이 처참히 실패했으니 어쩔 수 없이 해방의 기획 전체를 기각해야 한다는 일반적 견해를 거부한다는 점에서 그들은 두말할 나위 없이 옳다. 하지만 나는 '현실 사회주의'의 비극적 경험에서 배워야 하는 중요한 교훈이 있다고 믿으며, 이런 점에서 공산주의 기획의 몇몇 중심 교리는 진지하게 재고될 필요가 있다.

단지 소비에트 모델은 진정으로 구현되어야 할 이상이 결함을 지닌 모습으로 현실화됐음을 보여줄 뿐이라고 선언하는 것은 정말이지 너무나도 쉬운 일일 것이다. 분명, 공산주의의 이상이 잘못된 방향으로 가게 된 많은 이유를 회피해버릴 수도 있고, 어쩌면 작금의 조건이 [공산주의의 이상을 제대로 실현시키는 데] 더 유리한 지형을 제공해줄 수도 있을 것이다. 하지만 공산주의의 이상이 직면했던 몇몇 문제들을 단순히 [현실] 적용의 문제로 환원할 수는 없다. 그 문제들은 공산주의의 이상이 개념화된 방식과 관계가 있다. 상이한 공산주의 운동들에 영감을 줬던 이상들에 여전히 충실하기 위해서는, 그런 이상들이 왜 그렇게 처참히 잘못된 방향으로 흘러갈 수밖에 없었는지를 이해해야 하며, 그러기 위해서 그 공산주의 운동들이 자신의 목표를 어떻게 그리고 있었는지를 면밀히 검토할 필요가 있다.

여기서 문제시할 필요가 있는 것은 바로 '공산주의'라는 관념이다. 왜냐하면 공산주의라는 관념은 적대가 근절되어버렸고 법, 국가, 기타 규제적 제도들과는 무관해져버린 사회라는 반정치적 전망을 강하게 함축하고 있기 때문이다. 맑스주의적 접근법의 주된 결함은 내가 '정치적인 것'이라 부르는 것의 결정적 역할을 인정하지 못하는 그 무능함에 있다. 전통적 맑스주의가 공산주의와 국가의 소멸이 논리적으로 서로를 수반한다고 단언했다면, 라클라우와 나는 사회적 총체성의 관점에 공감하는 사회적 행위자들이 권력을 제거하고 공통의 사안을 관리하는 것을 해방의 기획이라고 생각하는 것은 더 이상 가능하지 않다고 단언한다. 적대, 투쟁, 사회적인 것의 분할은 언제나 존재할 것이며, 이것들을 다룰 제도의 필요성 또한 결코 사라지지 않을 것이다.

사회주의를 민주주의 혁명이라는 더 넓은 영역에 위치시키면서, 라클라우와 나는 『헤게모니와 사회주의 전략』에서 종국적으로 자본주의 사회를 초월할 수 있게 해주는 정치적 변환이 사회적 행위자들과 그들의 투쟁의 다원성에 근거한다는 점을 보여준 바 있다. 이와 같이 사회적 갈등의 영역은 노동계급 같은 '특권화된 행위자'에게 집중되기보다는 [더 다양하게] 확장된다.

라클라우와 내가 민주주의의 급진화라는 측면에서 해방의 기획을 재정식화한 것은 바로 이런 이유에서였다. 우리는 민주주의 투쟁을 확장하고 급진화하더라도 완전히 자유로운[해방된] 사회를 성취하게 되는 최종 도착지에는 결코 이르지 못할 것임을 강조한 바 있다. 바로 그렇기 때문에 (정치의 종말을 확실히 함의하는) 투명하고 화해된 사회라는 공산주의의 신화는 폐기되어야 하는 것이다.

5
경합적 정치와 예술적 실천
Agonistic Politics and Artistic Practices

예술은 우리 사회에서 점점 더 중심이 되는 위치를 차지한다. 그렇지만 예술은 여전히 비판적 역할을 수행할 수 있을까? 흔히 주장되기를, 후기 자본주의에서 미학이 모든 영역에 걸쳐 큰 성공을 거뒀고, 그 성공의 효과로 예술이 진정으로 전복적인 경험을 제공할 수 있는 여지가 완전히 사라져버린 쾌락적 문화가 창출됐다고 한다. 예술과 광고의 경계선이 모호해진 탓에 그야말로 비판적 공적 공간이라는 관념 자체가 의미를 상실했다. 시장의 지배가 만연해짐에 따라, 공적인 것조차 사유화됐고 이로 인해 공적인 것과 사적인 것의 구별은 더 이상 적절하지 않게 됐다. 모든 비판의 제스처는 기업 자본주의의 힘에 의해 신속히 만회되며 중화되어버린다.

물론 이런 상황은 전혀 새롭지 않다. 문화 산업의 발전은 테오도르 아도르노와 막스 호르크하이머가 몰두한 주제로, 그들은 이 발전을 포드주의적 생산 양식이 마침내 문화 영역에까지 진입하게 된 순간으로 봤다. 그들은 이런 진화를 상품화 과정과 자본주의적 생산의 필요조건에 사회가 예속화되는 과정의 심화 단계로 제시했다.

하지만 아도르노는 예술이 자율성의 여지를 제공할 가능성을 여전히 믿었다. 오늘날 아도르노와 호르크하이머의 최악의 악몽이 실현됐다고 선언하면서 어떤 사람들은 바로 이 가능성이 사라졌다고 주장한다. 예술은 생명정치적 자본주의 미학에 포섭됐고, 자율적 생산은 더 이상 가능하지 않다. 상징의 생산은 자본주의의 핵심 목표가 됐고, 창조 산업의 발전에 의해 개인은 이제 자본의 지배에 전적으로 예속된다. 비단 소비자뿐만 아니라 문화 생산자 역시 미디어·엔터테인먼트 기업이 지배하는 문화 산업의 포로이다. 우리는 자본주의 체제의 수동적 기능체로 완전히 바뀌었다.

다행히 이런 비관적 진단을 모두가 공유하는 것은 아니다. 가령 일부 포스트노동자주의 이론가들은, 아도르노와 호르크하이머의 분석이 포드주의 모델에 기반을 둔 탓에 포스트포드주의적 자본주의 조절 양식에서 지배적이 된 새로운 생산 형태를 검토하는 데 유용한 지침을 제공하지 못한다고 주장한다. 그들은 이 새로운 생산 형태가 새로운 유형의 저항을 가능케 한다고 여기며, 예술적 실천이 결정적 기여를 할 수도 있는 해방적 기획의 활성화 가능성을 구상한다.

예컨대 파올로 비르노는 호르크하이머나 아도르노와는 다른 그림을 그린다. 『다중의 문법』(2003)에서 비르노는 문화 산업이 포드주의에서 포스트포드주의로의 이행에 중요한 역할을 담당했다고 단언한다.[1] 비르노가 보기에, 문화 산업은 '포스트포드주의의 모체'에 해당한다. 선진 자본주의에서 비물질적 노동이 발전하면서, 노동 과정은 수행적이 됐고 [인간이라는] 종의 가장 보편적 필요조건인 지각,

1) Paolo Virno, *A Grammar of the Multitude*, Los Angeles: Semiotext(e), 2004. [김상운 옮김, 『다중: 현대의 삶 형태에 관한 분석을 위하여』, 갈무리, 2004. 특히 제2강(「노동, 행위, 지성」)을 참조하라.]

언어, 기억, 감정을 동원한다. 당대의 생산은 이제 '기예적'이며, 생산적 노동은 공연 예술가의 특수한 성격을 고스란히 전용한다. 우리가 목격 중인 것은, 근본적으로 이질적인 원리와 기준에 의해 지탱됐기에 이전에는 뚜렷이 구별됐던 노동, 정치적 행위, 지적 성찰의 영역이 혼성화되는 과정이다. 오늘날 순수한 지적 활동, 정치적 행위, 노동 사이의 경계는 해체됐고, 포스트포드주의적 노동은 정치적 행위의 여러 특성을 제 안에 흡수했다는 것이다.

이런 변환은 예술과 작업이 새로운 배치 속에 존재하는 새로운 형태의 사회적 관계에 길을 열어준다. 예술적 실천의 목적은 작업 과정의 변환에 의해 가능하게 된 이 새로운 사회적 관계의 발전을 조성하는 것이 되어야 한다. 예술적 실천의 주된 임무는 새로운 주체성의 생산과 새로운 세계의 정교화이다. 현재의 상황에서 필요한 것은, 전통적인 제도 바깥의 다양한 사회적 공간에서 작업 중인 예술가들과 함께, [이윤 추구와 사회 안정에] 사회를 총동원하는 자본주의의 프로그램에 맞서기 위해 예술적 개입의 영역을 넓히는 일이다.

이와는 다른 관점에서, 앙드레 고르 역시 새로운 생산 형태의 잠재성을 지적하며 다음과 같이 말한다.

> 자기-착취가 가치증식 과정에서 중심적인 역할을 획득할 때 주체성의 생산은 중심적인 갈등의 지형이 됩니다. …… 가치, 경쟁적 개인주의, 시장 교환의 손아귀를 벗어난 사회적 관계는 자본의 힘이 확장되어갈수록 오히려 정반대로 그 정치적 차원에서 새로운 주체성을 등장시키죠. [따라서] 자본의 힘에 맞서는 전면적 저항의 전선이 만들어질 수 있는데, 이런 전선은 필연적으로 공통 공간과 일상 문

화를 살아가고 소비하고 집합적으로 전유하는 새로운 실천을 향하는 지식 생산의 지형 전반에 걸쳐 퍼져나갑니다.[2]

나 역시 주체성 생산의 지형이 전략적으로 중요하다고 믿는다. 나는 "예술은 사회가 그 자신의 일관성과 자기-이해를 위해 의존하는 상상적 형상에 대해 집합적으로 성찰하는 기회를 제공할 수 있다"[3]는 브라이언 홈즈의 주장에 동의한다. 확신컨대 예술적·문화적 실천은 자본주의적 재생산에 필요한 사회적 상상계를 약화시키는 저항의 공간을 제공할 수 있다. 하지만 예술적·문화적 실천의 정치적 잠재력을 파악하려면, 대항헤게모니 투쟁이라는 맥락에서 예술적 저항을 경합적 개입의 형태로 가시화해야 한다고 생각한다.

4장에서 나는 포디즘에서 포스트포드주의로의 이행을 제대로 파악하려면, 그 이행의 헤게모니적 차원을 도입할 필요가 있다고 주장한 바 있다. 그리고 뤽 볼탕스키와 이브 샤펠로의 『새로운 자본주의 정신』(1999)에서 발견되는 몇몇 통찰을 활용하면 그것이 가능할 수 있다고 제안했다. 그 책에서 볼탕스키와 샤펠로는 자신들이 '예술적

---

2) André Gorz, "Économie de la connaissance, exploitation des savoirs: Entretien avec Carlo Vercelone et Yann Moulier Boutang," *Multitudes*, no.15, hiver 2004, p.209. [위 인용문에서 생략된 내용은 다음과 같다. "이런 맥락에서, 디지털 프롤레타리아트의 자기 조직화된 실천들, 그리고 프리소프트웨어 운동이라는 사실상의 코뮤니즘이 그려내는 반체제성이 전략적으로 중요해집니다."]

3) Brian Holmes, "Artistic Autonomy," www.u-tangente.org. [현재는 해당 사이트가 존재하지 않는다. 해당 인용 내용은 정식으로 출판된 다음의 논문에서 확인할 수 있다. Brian Holmes, "Artistic Autonomy and the Communication Society," *Third Text*, vol.18, no.6, November 2004, p.549.]

비판'이라 지칭하는 것이 20세기의 마지막 수십 년 동안 자본주의에 의해 겪게 된 변환에서 일익을 담당했다고 강조한다.[4] 볼탕스키와 샤펠로는 어떻게 대항문화의 미학적 전략들(진정성의 추구, 자주관리의 이상, 반위계적 시급성, 그리고 1960년대의 새로운 운동들이 만들어낸 자율성의 요구)이 포스트포드주의적으로 네트워크화된 경제의 발전에 얽매여져 작금의 자본주의적 조절 양식이 요구하는 조건들을 촉진시키게 됐는지를 보여준다. '신-경영'을 통해 예술적 비판은 자본주의의 생산성에 중요한 요소가 됐다는 것이다.

언뜻 보면, 이런 분석은 예술의 비판적 역할이 끝났다는 비관적 관점을 뒷받침해주는 듯하다. 하지만 사실상 볼탕스키와 샤펠로는 포드주의에서 포스트포드주의로의 이행을 헤게모니적 측면에서 볼 수 있게 해줌으로써, 내가 이 장에서 말하고자 하는 예술적·문화적 실천이 대항헤게모니 투쟁에서 차지하는 중요성에 대한 논지의 틀을 제공해줬다. 실제로 작금의 신자유주의적 헤게모니를 '수동 혁명'이라는 측면에서, 즉 경제적·법적·이데올로기적 세력 [관계]의 복잡한 영역에 대한 일련의 정치적 개입이 가져온 귀결로 바라본다면, 그 헤게모니의 담론적 성격이 전면에 드러나게 된다.

그런 헤게모니는 매우 다양한 성격의 여러 가지 실천, 담론, 언어게임을 매우 특정한 방식으로 절합시킨 담론적 구축의 결과이다. 만일 이 헤게모니가 기술적 진보의 자연적 귀결로 여겨질 수 있다면, 이는 [장기간의] 퇴적 과정을 통해 이런 우발적 실천의 정치적 기원

---

4) Luc Boltanski and Eve Chiapello, *The New Sprit of Capitalism*, London: Verso, 2005.

이 지워져버렸기 때문이다. 요컨대 우발적 실천이 자연적인 것처럼 되어버렸고, 이 우발적 실천이 생산한 동일시의 형태는 당연한 것처럼 여겨지는 동일성으로 굳어버린 것이다. 바로 그렇기 때문에 신자유주의적 실천과 제도가 자연적 과정의 결과물처럼, "대안이 없다"는 이유로 받아들여야만 하는 숙명처럼 보이는 것이다.

예술적 실천과 그것이 정치와 맺는 관계를 헤게모니적으로 바라보는 접근법은, 헤게모니적 대결이 전통적인 정치 제도들에 국한되지 않는다는 사실을 강조해주기 때문에 중요하다. 헤게모니적 대결은 보통 '시민 사회'라 불리는 것의 정치적 중심성을 드러내 보여주면서, 헤게모니가 구축되는 다층적인 장소에서 일어난다. 안토니오 그람시가 논의했듯이, 바로 그런 장소에서 세계에 대한 특정한 개념화가 확립되고, 현실에 대한 명확한 이해가 규정된다. 주체성이 구체적 형태로 구축되는 지형을 제공해주는 것, 즉 그람시가 '상식'[공통감각/의미]이라고 지칭하는 것이 말이다. 그람시는 문화적·예술적 실천이 기존 헤게모니의 재생산이나 탈구에서 결정적 역할을 한다고 강조하면서, 이런 실천이 상식의 형성과 확산에서 차지하는 중심성을 거듭 역설했다. 만일 헤게모니가 담론적 절합의 결과라면, 대항헤게모니적 개입을 통해 상식은 변환될 수 있으며, 바로 이 지점에서 문화적·예술적 실천이 결정적 역할을 할 수 있다는 것이다.

문화적 실천이 자본주의의 생산성에 기여하는 역할을 강조함으로써, 볼탕스키와 샤펠로의 분석은 문화적 실천의 이런 역할이 어떻게 포스트포드주의적 생산의 시대에도 절대적으로 결정적이게 됐는지를 또한 확인시켜준다. 오늘날의 자본주의는 자신의 재생산에 필요한 주체화 양식을 창출하기 위해 점점 더 기호학적 기법에 의존한다. 현대적 생산에서는, 미셸 푸코가 제시한 대로, 정신의 통제가 정동과 열정을 통치하는 데 전략적 역할을 담당한다. 육체 노동이 지배적이던 시대에 특징적인 착취의 형태는, 새로운 욕구의 창출과 재화 획득을 향한 지칠 줄 모르는 욕망을 끊임없이 요구하는 새로운 형태로 대체됐다. 이런 사실은 우리의 소비 사회에서 광고가 왜 그처럼 중요한 역할을 담당하는지 설명해준다.

그렇지만 이런 광고의 역할이 특정한 생산품을 홍보하는 데에만 국한되는 것은 아니다. 상품 소비자들이 동일시할 수 있는 판타지의 세계를 만들어내는 역할도 한다. 오늘날 무엇인가를 구입하는 것은 곧 특정한 세계에 들어가는 것이며, 상상된 공동체의 일부가 되는 것이다. 작금의 자본주의 체제는 그 자신의 헤게모니를 유지하기 위해 끊임없이 사람들의 욕망을 동원하고 사람들의 동일성을 형성해야 할 필요가 있다. 바로 이처럼 구매자의 동일성을 구축하는 것이야말로 광고 기법에서 관건인 것이다.

따라서 대항헤게모니 정치는 [작금의 자본주의 체제와는] 또 다른 형태의 동일시를 조성하기 위해 이런 지형에 개입해야만 한다. 헤게모니 투쟁의 목적 중 하나는 언제나 새로운 주체성의 경합적 생산이었지만, 현재의 자본주의 단계에서 그런 지형이 어느 때보다 더 중요해졌음은 분명한 사실이다.

경합적 공적 공간들

일단 문화적 지형의 중심성을 인정한다면, 문화적·예술적 실천이 신자유주의적 헤게모니에 맞서는 대항헤게모니의 도전에 기여할 수 있는 방법은 무엇인가?

이 질문을 다루기 전에, 나는 예술과 정치의 관계를 서로 별개로 이뤄진 두 영역의 측면에서 보지 않는다는 점을 분명히 밝히고 싶다. 그러니까 한편에는 예술, 다른 한편에는 정치가 있는데, 그 양자 사이에 어떤 관계가 정립되어야 한다는 식으로 보지는 않는다는 것이다. 정치적인 것에는 미학적 차원이 존재하며, 예술에는 정치적 차원이 존재한다. 헤게모니 이론의 관점에서 볼 때, 예술적 실천은 주어진 상징적 질서를 구성하고 유지하는 데, 또는 그 질서에 도전하는 데 일익을 담당하며, 바로 그렇기 때문에 예술적 실천에는 정치적 차원이 있을 수밖에 없다. 정치적인 것은 그 나름대로 사회적 관계의 상징적 질서화와 관련되며, 바로 여기에 정치적인 것의 미학적 차원이 존재한다. 내가 정치적 예술과 비정치적 예술을 구별하는 것이 유용하지 않다고 믿는 것은 이런 이유 때문이다.

오히려 핵심은 **비판적** 예술의 가능한 형태에 관해 질문하는 것이다. 내가 옹호하고 있는 접근법에 따르면, 이것은 예술적 실천이 지배적 헤게모니를 흔드는 데 기여할 수 있는 다른 방법들을 검토해야 한다는 뜻이다. 이 쟁점을 다루려면 공적 공간에서 비판적인 예술적 실천이 하는 역할을 면밀히 검토해야 한다. [첫째로] 여기서 내가 말하는 공간은 하나의 단일한 공간이 아니라, 다층적인 담론적 표면들과 공적 공간들이다. 둘째로, 이 다양한 공간들에 대한 통일성의 근본 원칙이나 미리 결정된 중심이 없지만, 그 공간들 사이에는 다양한 형태의 절합이 항상 존재한다. 우리는 일부 포스트모던 사상가들이 구상하는 일종의 분산dispersion에 봉착해 있지도 않고, 질 들뢰즈와 그의 추종자들이 말하는 일종의 '매끄러운' 공간에 직면해 있지도 않다. 공적 공간은 언제나 홈이 패어지며, 헤게모니적으로 구조화된다. 주어진 헤게모니는 다양한 공간들이 특정하게 절합된 결과이며, 이것은 헤게모니 투쟁이 공적 공간들 사이의 상이한 절합의 형태를 창출하려는 시도에 있음을 뜻한다.

그렇다면 공적 공간에 대해 경합적 접근법이 다른 접근법과 구별되는 것은 무엇인가? 경합적 접근법의 주된 특징은 이 접근법이, 방식은 서로 다르지만 공적 공간에 대한 대개의 전망을 제공하는 널리 알려진 관점들에 도전한다는 점이다. 일반적으로 받아들여지는 견해에 따르면, 공적 공간은 합의의 창출을 목표로 하는 지형이다. 반면 경합적 접근법에서 공적 공간은 갈등하는 견해들이 최종적 화해의 어떤 가능성도 없이 서로 대치하고 있는 곳이다. [공적 공간에 대한] 이런 개념화는 위르겐 하버마스가 옹호하는 개념화와 분명 아주 다르다. 하버마스는 자신이 '공론장'이라 부르는 것을 합리적 합의를 목표로 하는 숙고[심의]가 이뤄지는 장소로 제시한다.

확실히 하버마스는 사회적 삶[생활세계]의 한계를 감안하면 그런 합의[즉, 공론장을 통한 합리적 합의]에 효과적으로 도달할 수 있을 것 같지 않다는 점을 이제는 받아들이고 있으며, 자신이 말하는 '이상적 의사소통 상황'을 일종의 '규제적 이념'으로 간주하고 있다. 그렇지만 헤게모니적 접근법의 관점에서 볼 때, 하버마스 식의 이상적 발화 상황의 장애물은 단지 경험적 한계와 관련된 것이 아니다. 그 장애물은 본성상 존재론적이다. 내가 1장에서 지적했듯이, 경합의 주요 원리 중 하나는 하버마스의 접근법이 상정하는 식의 합리적 합의가 개념적으로 불가능하다는 것이다. 왜냐하면 그런 합의는 헤게모니적 접근법이 불가능하다고 밝혀낸 바로 그 배제 없는 합의의 가능성을 전제하고 있기 때문이다.

공적 공간을 구상하는 방법은 예술적·문화적 실천에 중요한 결과를 가져온다. 왜냐하면 경합적 공적 공간의 창출을 조성하려는 사람들은 합의의 창출이 목표인 사람들과는 매우 다른 방식으로 비판적 예술을 상상할 것이기 때문이다. 경합적 접근법은 작금의 탈정치적 질서에 대안이 존재함을 전면에 드러내는 여러 예술적 실천을 통해 비판적 예술이 구성된다고 본다. 예술적 실천의 비판적 차원은, 현존하는 헤게모니의 틀 안에서 침묵하는 사람들 모두에게 목소리를 부여함으로써, 지배적 합의가 가리고 있거나 지우려고 하는 것을 가시화하는 데 있다. 그러나 경합적 방법론이 비판을 이해하는 방식에 관한 어떤 오해도 피하기 위해 명확히 해야 할 점이 있다. 경합적 방법론의 관점에 따르면, 비판적인 예술적 실천은 '진정한 현실'을 보여주기 위해 이른바 허위 의식을 들어내려고 열망하지 않는다. 그렇게 하려 한다면 '진정한 의식'이라는 관념 자체를 거부하는 헤게모니 이론의 반본질주의적 전제와 완전히 상충될 것이다. 앞서 보여줬듯이, 특정한 형태의 개별성은 다양한 실천, 담론, 언어 게임들 속에 삽입됨으로써 구축된다. 정치적 동일성이 주체의 진정한 이해관계를 향한 합리주의적 호소로는 결코 변환될 수 없고, 지배적인 동일시의 과정이 일어나는 틀을 탈구시키는 방식에 있어 주체의 정동을 동원하려는 일련의 실천들에 사회적 행위자가 기입되어야 변환될 수 있는 것은 바로 이 때문이다. 야니 스타브라카키스의 지적처럼, "이데올로기적 의미 체계에 대한 비판이 순수한 탈구축 수준에 머문다면, 그 비판은 효과적일 수 없다. 그 체계를 지탱하는 판타지들의 윤곽을 그려내고, 그 체계의 징후적 기능을 포위해야 한다."[5] 이 말은 대립적인 동일성을 구축하려면 단순히 '탈동일시'의 과정을 조성하는 것만으로는 충분하지 않다는 뜻이다. [따라서] 두 번째 움직임이 필요하다. 첫 번째 움직임만 고집하면 사실상 부정적 계기가 긍정적인 무엇인가를 제 힘으로 충분히 불러올 수 있을 것이라는 문제설정의 덫에 걸린 채로 있게 된다. 마치 이전부터 이용 가능했던 새로운 주체성이, 지배 이데올로기의 무게가 들어내지기만 하면 제 모습을 드러낼 준비가 되어 있다는 듯이 말이다. 여러 형태의 비판적 예술에 영향을 끼치고 있는 이런 관점은 헤게모니 투쟁의 성격과 동일성 구축의 복잡한 과정을 받아들이는 데 실패한다.

알프레도 야르의 대항헤게모니적 개입

나의 논지를 보여주기 위해 알프레도 야르의 사례를 들어보려 한다. 야르의 작업은 내가 옹호하고 있는 헤게모니 전략이 알려주는 저항의 미학의 훌륭한 예들 중 하나를 제공한다. 우리는 야르의 실천 속에서 헤게모니적 접근법이 요구하는 예술적 개입의 다양한 형태와 그런 개입이 일어나야 하는 다층적 장소를 발견할 수 있다.

야르는 스스로를 특정한 장소에서의 특정한 쟁점에 대응하는 '프로젝트 예술가'로 규정하면서 몇몇 영역, 즉 예술계뿐만 아니라 공적 공간과 다양한 교육 현장에 개입하는 것이 자신에게 매우 중요하다는 점을 수차례 강조한 바 있다.[6] 오직 제도 밖에서만 효과적인 비판

---

5) Yannis Stravrakakis, *The Lacanian Left: Psycohanalysis, Theory, Politics*, Edinburgh: Edinburgh University Press, 2007, p.81.

6) 일례로 다음을 참조하라. Alfredo Jaar, "Interview with Luigi Fassi," *Klat*, no.1, Winter 2009-10, pp.73~74. [전문은 다음을 참조하라. www.klatmagazine.com/en/art-en/alfredo-jaar-interview-back-to-the-future-14/33290.]

이 존재할 수 있다고 주장하는 사람들과는 달리, 야르는 제도를 투쟁의 중요한 지형으로 바라본다. 이런 세 가지 유형[예술계, 공적 공간, 교육 현장]의 활동들을 결합해 야르는 지배적 헤게모니가 확립되고 재생산되는 다양한 현장에 개입할 수 있으며, 그런 방법으로 대항헤게모니의 움직임들이 발전하는 데 기여한다.

야르의 예술적 개입은 여러 면에서 헤게모니적 접근법과 유사하다. 야르의 개입은 보통 '대항정보'(조르주 디디-위베르망)를 제공하기나 '대항환경'(아드리아나 발데스)을 만들기로 묘사되어왔다. 두 경우 모두에서 야르는 앞서 내가 현존하는 '상식'[공통감각/의미]을 '탈구'시키는 전략이자 '대항헤게모니'의 발전에 기여하는 다양한 경합적 공적 공간을 조성하는 전략이라고 지칭했던 것을 강조한다.

이런 전략은 2008년 가을 밀라노에서 행한 〈질문들, 질문들〉이라는 공공 개입 프로젝트에서 분명히 드러나는데, 야르는 이 프로젝트가 자신의 가장 그람시적인 프로젝트라고 보고 있다. [당시 총리였던] 실비오 베를루스코니의 미디어·광고 네트워크가 이탈리아의 공적 공간을 장악하고 있는 것에 대응하기 위해, 야르는 공영 버스, 옥외 광고판, 지하철, 전차에 "정치에는 문화가 필요한가?" 또는 "지적인 것은 쓸모없는 것인가?" 같은 질문을 던지는 플래카드를 붙였다. 야르는 자신의 목표가 저항의 네트워크를 창출하고 베를루스코니의 [미디어·언론] 장악에 의해 지워져버린 공적 공간의 의미를 복원하기 위해 3개월 동안 이용 가능한 모든 공간을 점거함으로써 "체제에 작은 균열을 만들려고 노력"하는 것이었다고 설명했다.

이런 형태의 개입에서 특히 흥미로운 점은, 설령 그 질문들이 개입의 특정한 맥락에서 현재 상태에 불만을 표출하게 만드는 성찰을

▲ **알프레도 야르, 〈질문들, 질문들〉(2008)** 이 공공 개입 프로젝트에서 야르(아래 사진)가 시민들에게 던진 15개의 질문들은 표면적인 단순함에도 불구하고 기존의 지배적 상식을 의문에 붙였다.

▲ 알프레도 야르, 〈스코그할 예술관〉(2000) 스코그할 예술관의 설치와 소각 과정은 온라인상에서 동영상으로 볼 수 있다. 다음의 사이트를 참조하라. Alfredo Jaar, "Skoghall Konsthall," *Revista Cientodiez*, vol.5: Arte o Arquitectura, Mayo 2007. [vimeo.com/5089525]

촉발시킬 수 있을 것처럼 보일지라도, 표면적으로는 단순한 질문들을 던짐으로써 [기존의 지배적인] 상식[공통감각/의미]을 뒤흔드는 그 양태이다. 이 세계의 상황에 관한 교훈을 던져주면 사람들이 행동에 나서게 될 것이라고 믿는 일부 비판적 예술의 형태에서 벗어나, [법 혹은 관습의] 위반과 맹비난을 가장 급진적 형태의 저항이라고 강조하는 유행에 맞서, 야르가 목표로 두는 것은 사람들 안에 변화의 욕구를 창출시켜 [그들 스스로가 직접] 행동에 나서게 만드는 것이다. 야르는 권위적인 연설조를 버리고, 검증되지 않은 각자의 믿음에 스스로 질문하게 만드는 과정을 가동시킴으로써 사람들을 호명하기를 선호한다. 사람들을 행동에 나서게 하는 가장 좋은 방법은, 각자의 삶에서 놓치고 있는 것을 일깨워 의식하게 만들고 상황이 달라질 수도

있다고 느끼게 하는 것이라고 야르는 확신하고 있다.

2000년 스코그할 예술관을 위해 야르가 진행한 프로젝트는 이런 요구가 출현하는 데, 즉 우리의 삶에서 놓치고 있는 무엇인가를 인식해 우리 안에 변화의 욕구를 일으키는 데 예술이 기여할 수 있는 방법을 보여주는 훌륭한 사례이다. 제지 산업으로 유명한 스웨덴의 도시 스코그할로부터 작품 창작을 의뢰받은 야르는 예술 작품을 전시할 건물이 부족하다는 것을 알게 되자, 주민들에게 문화 공간을 제공할 요량으로 주요 제지 회사들에게 종이로 만든 예술관을 짓기 위한 지원을 요청하기로 결정했다. 그러고는 젊은 스웨덴 예술가들의 전시회가 열리는 다음날 그 건물을 소각하기로 결정했다. 일부 시민들이 야르에게 건물의 존치를 요청했는데도, 결국 건물은 소각됐다. 야르는 시민들의 반응에 무척 기뻐했지만 그들이 전혀 싸워서 얻은 것이 아닌 시설을 공동체에 떠넘기고 싶지는 않았다고 설명했다.

그러나 이야기는 거기서 멈추지 않았다. 이런 개입 덕분에, 점점 더 많은 스코그할 시민들이 마을에 무엇인가가 진짜 부족하다는 사실을 깨닫기 시작했다. 7년 뒤 야르는 최초로 상설될 스코그할 예술관을 디자인하고 세우기 위해 다시 초대됐다. 이 프로젝트는 여러 측면에서 상징적이다. 이 작업은 자신의 전망을 결코 [사람들에게] 떠넘기지 않고 오히려 사람들이 스스로 필요한 것을 명확히 표현하도록 이끄는 야르의 교육법을 입증했을 뿐만 아니라, 비판적 방식으로 제도에 개입할 수 있는 야르의 능력을 실례로 보여준 것이다.

이 사례는 내가 야르의 접근법에서 가장 중요한 측면 중 하나라고 보는 것을 제공해준다. 즉, 야르는 동일시의 과정에서 정동이 하는 역할과 정치적 동일성의 구성에서 열정적 애착이 하는 역할을 심도 깊게 파악하고 있는 것이다. 만약 예술적 실천이 새로운 형태의 주체성을 구축하는 데 결정적 역할을 할 수 있다면, 그 이유는 그런 실천이 정서적 반응을 일으키는 자원들을 사용함으로써 정동적 수준에서 인간에게 다가갈 수 있기 때문이다. 바로 여기에, 즉 다른 방식으로 사태를 바라보게 만들고 새로운 가능성을 감지하게 만드는 그 능력에 예술의 위대한 힘이 존재한다.

존 듀이의 지적에 따르면, 예술 작품이 불러오는 상상력과 감정을 통해 우리는 새로운 경험에 참여하고, 우리에게 익숙한 것과는 다른 형태의 관계를 수립하게 된다.* 이 지적은 예술에 인지적 차원이 존

* "예술 작품은 그것이 불러일으키는 상상력과 감정을 통해 우리가 우리 자신의 것과는 다른 관계 형태와 참여 형태에 들어가는 수단이다." John Dewey, *Art as Experience*, New York: Minton, Balch & Co., 1934, p.273. [박철홍 옮김, 『경험으로서 예술 2』, 나남출판, 2016, 253쪽.]

재함을 부정한다는 뜻이 아니라, 예술은 정동을 통해 지성[지적인 것]에 도달할 수 있음을 단언한다는 뜻이다. 야르는 이 점을 충분히 인식하고 있으며, 사람들의 감각을 움직임으로써 그들의 의식을 변환시키는 호명의 양식을 꾸준히 활용해왔다. 야르에게 개입의 목표는 미적 수단을 통해 새로운 유형의 동일시를 야기하는 것이다. 야르가 언젠가 언급했듯이, 미적 경험은 '우리의 감각을 통해, 그리고 우리의 이성을 통해' 우리를 움직이도록 하는 효과를 가져야 한다.

예술적 행동주의

내가 옹호하는 경합적 접근법은, 최근에 등장해 현존하는 합의에 대단히 다양한 방식으로 도전 중인 상이한 형태의 예술적 행동주의들이 급진 정치에 기여한 바를 파악하는 데 특히 유용하다고 생각한다. 이런 예술적-행동주의적 실천은 매우 다양한 형태를 띠며, 영국의 '거리를 되찾아라'**에서 이탈리아의 '투테 비안케,'*** 프랑스의 '광

** Reclaim the Streets. 1991년 영국의 환경주의자들이 윈체스터의 트와이포드 다운과 런던을 잇는 도로 건설에 반대하면서 결성한 직접행동 네트워크. 기업이나 국가가 아니라 공동체가 공적 공간을 소유해야 한다는 모토 아래 대안적 교통수단의 도입과 생태적 공간 만들기 등을 주장한 바 있다. 이후 반자본주의 운동에 적극 참여해 석유기업 반대 시위에서 노동자 파업 연대시위에 이르기까지 다양한 사회적 쟁점을 거리 점거의 방식으로 의제화했다.

*** Tute Bianche. 1994년 반체제 활동가들의 집합소로 여겨지던 사회센터를 폐쇄하려던 경찰에 맞서 일군의 운동가들이 사회센터를 점거하며 시작된 이탈리아의 사회 운동 단체. 이들은 자신들이 자본과 경찰이 양산한 '유령 도시'를 떠도는 '유령'임을 보이기 위해 아래 위가 연결된 흰색 작업복('투테 비안케')을 입고 활동했다. 2000년을 기점으로 반세계화·반자본주의 운동에 앞장섰으며, 이듬해 제네바 G8 정상회담 반대 시위에 대거 가담해 가장 급진적이고 가장 전투적인 불복종 운동을 주도해 유명해졌다.

platz
(formerly Karlsplatz)
THIS SQUARE WILL
SOON BE CALLED
N I K E P L A T Z
COME INSIDE TO
FIND OUT MORE

◀ **광고 반대 캠페인** 2003년 10월 17일 파리에서 초국적 기업들의 글로벌 마케팅과 공적 공간의 사유화에 저항하는 대규모 광고 반대 캠페인이 시작됐다. '반(反)광고'(Antipub) 또는 '광고금지'(Stopub)라고도 알려진 이 운동은 파리 지하철 전역의 광고판에 항의 낙서를 하는 것으로 시작됐는데, 12월까지 지속된 이 직접 행동에 약 3~4천 명의 활동가들과 시민들이 참여해 약 9천 개의 광고판을 훼손했고, 62명의 활동가들이 1백만 유로의 피해 보상을 빌미로 고소당했다. 당시의 투쟁은 2005년 '광고 반대 운동가 집단'(Collectif des déboulonneurs) 같은 단체의 결성으로 이어져 내려오고 있다.
◀◀ **공적 공간을 되찾아오자!** 이와 비슷한 시기인 2003년 10월 1일부터 28일까지, 이탈리아의 2인조 웹예술가인 에바 마테스와 프랑코 마테스(Eva and Franco Mattes, 1976~)는 오스트리아 빈의 카를 광장에서 〈나이키 그라운드: 공간을 재고하기〉라는 설치 예술 겸 퍼포먼스를 선보였다. 이들은 역사적 공공 장소인 카를 광장에 나이키 로고를 새긴 컨테이너를 설치한 뒤, 나이키가 그 광장을 매입해 이름을 '나이키플라츠'(Nikeplatz)로 바꿀 것이라는 그럴 듯한 거짓 정보를 체계적으로 유포했다. 초국적 기업의 브랜드들이 도시 공간에 얼마나 많이 침투해 있는지 성찰케 하려는 목적으로 진행된 이 퍼포먼스는 당시 많은 논란을 불러일으켰다. 이 퍼포먼스의 진행 과정은 온라인상에서 동영상으로 볼 수 있다. Eva and Franco Mattes, *Nike Ground*, 2003. [vimeo.com/18236252]

고금지' 캠페인, 오스트리아의 〈나이키 그라운드: 공간을 재고하기〉에 이르기까지 매우 상이한 도시 투쟁들 속에서 나타났다.7)

우리는 [이런 실천의] 또 다른 사례를 예스맨이 사용한 '신원 교정'이라는 전략에서 찾아볼 수 있다. 각기 다른 신원, 가령 세계무역기구(이하 WTO)의 대변인 같은 신원으로 등장한 예스맨은 신자유주의 이데올로기에 대한 풍자를 매우 효과적으로 전개했다.8) 예스맨의 목표는 사람들의 안녕을 희생시켜가며 신자유주의를 조장하는 제도들을 겨냥하는 것이었는데, 이들은 자신들이 교정하려는 그 제

---

7) 이런 몇몇 실천들에 대한 논의로는 다음의 책을 참조하라. Autonome a.f.r.k.a.-gruppe, Luther Blisset, et Sonja Brünzels, *Manuel de communication guérilla*, Paris: Zones, 2011.

8) 예를 들어 그들의 책을 보라. *The Yes Men: The True Story of the End of the World Trade Organization*, New York: The Disinformation Company, 2004. [정인환 옮김, 『예스맨 프로젝트: 신자유주의를 농락하는 유쾌한 전략』, 빨간머리, 2010. '신원 교정'(identity correction)은 '신원 도용'(identity theft)을 거꾸로 활용하는 전략으로, 문제가 되는 인물 혹은 제도의 신원을 사칭해 그 인물처럼 보이게 행동하는 것이 아니라 그 인물의 감춰진 모습을 폭로하는 전략이다.]

도들의 신원을 가장함으로써 그렇게 했다. 예를 들어 1999년 이들이 WTO의 진짜 웹사이트처럼 보이게 디자인한 패러디 웹사이트에는 다음과 같은 내용이 올라왔다.

> WTO는 '자유 무역,' 그러니까 초국적 기업들이 자신들에게 적합하다고 생각하는 어떤 사업이든 할 수 있는 자유를 [다른 이들에게] 강요해, 그 기업들을 돕는 것에 목적을 둔 거대한 국제 관료 조직입니다. WTO는 이런 [초국적 기업들의] 자유를 먹을 자유, 물을 마실 자유, 어떤 것을 먹지 않을 자유, 환자를 치료할 자유, 환경을 보호할 자유, 자신의 농작물을 재배할 자유, 노동조합을 조직할 자유, 사회복지 서비스를 유지할 자유, 통치할 자유, 외교 정책을 가질 자유 등을 비롯한 다른 모든 자유보다 위에 두고 있습니다. 이 [다른] 모든 자유는 '자유 무역,' 즉 다른 모든 권리보다 으뜸이라는 저 불가사의한 권리를 빙자해 활동하는 거대 기업들의 공격을 받고 있습니다.[9]

일부 사람들은 이 가짜 웹사이트를 진짜인 것으로 착각했는데, 심지어 예스맨은 여러 국제 회의에서 자신들이 WTO의 대변인인 것처럼 보이도록 꾸미기도 했다. 한 번은, 1야드[약 91cm] 길이의 황금색 남근 모양을 한 원격 노동자 감시 장치를 제안하는 풍자적 개입을 하기도 했다.

---

9) 예스맨의 웹사이트를 참조하라. www.theyesmen.org. [현재 예스맨의 공식 웹사이트는 시민참여형 플랫폼으로 개편됐으며 주소도 바뀌었다(yeslab.org). 이곳에서 이들이 현재까지 진행한 프로젝트들을 살펴볼 수 있다.]

▲ 예스맨, 「섬유 무역의 미래를 위하여」(2001) 2001년 8월 16일 예스맨(앤디 비클바움과 마이크 버나노로 이뤄진 2인조 문화훼방 집단)은 WTO 대표단을 사칭해 핀란드의 탐페레 공과대학교에서 열린 섬유 산업계의 국제회의에 참여했다. '행크 하디 운루' 박사라는 이름으로 기조 연설을 하던 앤디는 연설 막바지에 '경영자 여가복'(Management Leisure Suit)이라는 황금빛 보디슈트를 선보였는데, 개개의 노동자가 수행하는 정확한 노동의 양과 질에 대한 정보를 영상과 함께 원격으로 경영자에게 전달해준다는 남근 모양의 '종업원 투시 보조기'(Employee Visualization Appendage)가 가랑이 사이에 달려 있었다. WTO의 각종 반환경·반노동자적 정책들을 풍자한 이 퍼포먼스의 전모는 다큐멘터리 『예스맨』(*The Yes Men*, 2003)에 담겨 있다(해당 부분을 온라인상에서 볼 수 있다. [www.youtube.com/watch?v=8_bWAF-XxQM]).

만일 이처럼 다양한 예술적 행동주의를, 기업 자본주의가 확산시키고자 하는 [자신에 대한] 부드러운 이미지를 깨트려 그 억압적 특성을 전면에 드러내려는 목적을 지닌 대항헤게모니적 개입으로 바라본다면, 우리는 그 예술적 행동주의의 정치적 특성을 더 잘 파악할 수 있다. 이 '예술행동주의적'artivist 실천은 정치적 행동주의에 예술적 형식을 도입함으로써 급진 정치의 중요한 측면을 보여준다. 우리는 이런 실천을, [자본의] 가치증식 과정을 보장하고 확장하려는 목적에서 미학을 자본주의적으로 전유하는 것에 맞서는 대항헤게모니적 움직임으로 볼 수 있다.

하지만 일부 예술행동주의자들이 믿고 있는 듯한 것과는 달리, 예술행동주의적 실천만으로 새로운 헤게모니를 수립하는 데 필요한 변환이 실현될 수 있다는 뜻은 아니다. 『헤게모니와 사회주의 전략』에서 에르네스토 라클라우와 내가 논의했듯이, 급진 민주주의 정치는 상이한 수준의 투쟁들 사이에 등가 사슬을 창출하기 위해 그 투쟁들의 절합을 요구한다.[10] 예술적 행동주의가 그 자체로 신자유주의적 헤게모니를 끝장낼 수 있다고 믿는 것은 환상이다.

미술관들과 제도들

나는 '예술행동주의'야말로 오늘날 비판적 예술이 존재할 수 있는 유일한 방식이라고 보는 견해에도 동의하지 않는다. 좀 더 전통적인 예술 형식은 비판적일 수 없다거나 예술가는 전통적인 예술 제도들을 기피해야 한다고 주장하는 사람들에게 내가 이의를 제기하는 이유가 바로 이 때문이다. 그런 입장은 내가 4장에서 비판했던 유형의 급진적 비판이 주창하는 공적 제도에 대한 거부가 예술 분야에서 표현된 것이다. 그런 입장의 단언에 따르면, 정치적 행위는 현존하는 제도로부터 이탈하고 일체의 소속을 단념하는 것만 목표로 삼아야 한

10) Enersto Laclau and Chantal Mouffe, *Hegemony and Socialist Strategy: Towards Radical Democratic Politics* (1985), 2nd ed., London: Verso, 2001. [이승원 옮김, 『헤게모니와 사회주의 전략』, 후마니타스, 2012.]

다. 제도에 대한 애착은 다중의 자기-조직화에 걸맞은 '절대 민주주의'라는 새로운 비대의적 형태에 걸림돌로 제시된다.

이 엑서더스적 접근법은 제도 내에서 신자유주의적 헤게모니의 구성 요소들을 탈구시키는 대항헤게모니 투쟁의 가능성을 부인한다. 제도를 모조리 분쇄되어야 할 권력의 일괴암적인 대리인이라 여기고, 제도를 변환시키려는 모든 시도를 개량주의적 환상이라며 묵살하는 것이다. 그런 주장이 옹호하는 전략은 '도주'이거나, 현존하는 제도의 틀 밖에서 새로운 사회적 관계를 창출하는 것 둘 중 하나이다. 여기서는 제도의 내재적 비판, 즉 헤게모니 질서와 대결하기 위한 지형으로 제도를 변환시키는 데 그 목적을 둔 비판이 배제된다.

예술·문화 영역에서 그런 접근법은, 문화적 제도 바깥에서 일어날 경우에만 비판적인 예술적 실천이 그 효력을 가질 수 있음을 함의한다. 이런 관점에 따르면, 가령 미술관이 비판적인 정치적 개입의 장소를 제공할 수 있다고 상상하는 것은 바로 그 미술관을 존재할 수 있게끔 해주는 여러 (경제적·정치적) 권력을 보지 못하는 짓이다. 여기서 또 다시 전략은 제도를 무시하고 제도적 영역 바깥의 다른 공간을 점거하는 것이 된다. 내가 볼 때 그런 견해는 우리에게 열려 있는 정치적 개입의 다층적 경로를 인식하지 못하게 만들기 때문에 완전히 잘못된 것이며 명백히 무기력한 것이다. 현존하는 제도들이 대결의 지형이 될 수 없다고 믿게 되면, 주어진 권력들의 배치 안에 항상 존재하는 긴장[관계]을 무시하게 되고, 그 권력들의 절합 형태를 전복하는 쪽으로 행동할 수 있는 가능성 또한 무시하게 된다.

미술관의 경우, 보수적인 제도들이 현존하는 헤게모니의 유지와 재생산에 이바지하는 역할을 한다고 지탄받는 것과는 달리, 나는 미술관과 예술 기관이 소비 사회의 이데올로기적 틀을 전복하는 데 기여할 수 있다고 생각한다. 실제로 미술관과 예술 기관은 그런 헤게모니가 공개적으로 논란이 되는 경합적인 공적 공간으로 변환될 수 있다. 애초부터 미술관의 역사는 부르주아 헤게모니의 구축과 연관되어왔지만 그 기능은 달라질 수 있다. 루트비히 비트겐슈타인이 우리에게 가르쳐준 것처럼, [언어의] 의미 작용은 항상 맥락에 의존하며 의미를 결정하는 것은 그 쓰임새이다.

제도에서도 마찬가지이다. 우리는 어떤 제도가 본질적으로 하나의 만고불변한 기능을 수행하도록 예정되어 있다는 본질주의적 관념을 버려야 한다. 사실 우리는 신자유주의적 추세에 발맞춰 어떻게 수많은 미술관들이 주류 문화를 시민들에게 교육시키는 본래의 자기 기능을 내버리고 소비자 대중을 위한 오락의 장소로 전락됐는지를 이미 목격해왔다. 이런 '포스트모던한' 미술관들의 주요 목적은 대규모의 흥행몰이 전시와 여러 가지의 관광객용 기념품 판매를 통해 돈벌이를 하는 것이다. 이런 미술관들이 홍보하는 '참여'의 유형은 소비자주의에 바탕을 두고 있으며, 이 미술관들은 문화 분야의 상업화와 탈정치화에 적극적으로 기여하고 있다.

그러나 이런 신자유주의적 전환만이 유일하게 가능한 진화의 형태는 아니다. 또 다른 진화의 형태, 즉 진보적 방향으로 나아가는 형태를 그려볼 수 있다. 예술적 실천의 새로운 길을 열기 위해 미술관을 포기하는 것이 이치에 맞았던 때도 있었을 것이다. 하지만 시장에 의해 예술계가 거의 전부 식민화되어버린 현재의 조건 속에서, 미술관은 이런 시장의 지배에서 벗어나기 위한 특혜의 장소가 될 수 있다. 보리스 그로이스가 지적했듯이, 자신의 규범적 역할을 빼앗긴 미술관을 상품과는 구별되는 맥락에서 예술 작품을 보여주는 특혜의 장소로 생각할 수도 있다.[11] 이런 식으로 구상된다면, 미술관은 예술이 갈수록 상업화되어가면서 나타나는 결과들에 저항할 수 있는 공간을 제공하게 될 것이다.

이런 방향으로 미술관의 기능을 다시 생각하는 것이, 미술관을 글로벌 미디어 시장의 독재에 대항할 수 있는 장소로 그려보기 위한 첫 걸음이다. 실제로, 내가 제안하고 있는 '개입'의 전략을 용이하게 만드는 미술관과 예술 기관의 몇몇 사례들이 이미 존재한다. 가장 잘 알려진 사례들 중 하나가 바르셀로나 현대미술관인데, 이 미술관은 (현재 스페인 마드리드의 레이나소피아미술관[국립소피아왕비예술센터]를 이끌고 있는) 마누엘 보르하-비옐의 지휘 아래, 미술관이 무엇이 될 수 있는지에 대한 새로운 모델을 창안하는 데 성공했다.[12]

2000년부터 2008년까지, 바르셀로나 현대미술관은 교육 기관이자 공적 영역의 구성 요소로서 미술관이 해야 할 역할을 되찾기 위해 비판적 교육법에 영향 받은 다양한 기획들을 출범시켰다. 현대 예술의 대안적 읽기를 제시한다는 목표 아래, 예술적 근대성에 대한 지배적 담론이 무시해온 예술가와 예술 분야를 우대하는 컬렉션을 개발하고 한시적 전시회를 조직하기 시작했던 것이다.* 바르셀로나 현

11) 예컨대 다음을 참조하라. Boris Groys, "The Logic of Aesthetic Rights," *Art Power*, Cambridge, MA: MIT Press, 2008.

12) 바르셀로나 현대미술관의 이 시기[마누엘 보르하-비옐(Manuel Borja-Villel, 1957~)의 관장 재임기(1998~2008)]의 활동을 훌륭히 개괄한 글로는 다음을 참조하라. Jorge Ribalta, "Experiments in a New Institutionality," *Relational Objects: MACBA Collections 2002-2007*, Barcelona: MACBA Publications, 2010. [이 글은 바르셀로나 현대미술관 홈페이지에서 내려받을 수 있다.]

대미술관의 또 다른 목표는 미술관과 도시 사이에 활발한 관계를 수립하고, 토론과 충돌을 위한 공간을 제공하는 것이었다. 예술이 공적 공간의 증가에 중요하게 기여할 수 있는 방법을 찾기 위해, 바르셀로나 현대미술관은 상이한 사회운동들 간의 접촉을 장려했다.

예컨대 2000년 〈순수 예술의 하나로서의 직접 행동에 관하여〉라는 이름으로 조직된 일련의 워크숍은 지역의 정치적 투쟁과 예술적 실천을 연결할 수 있는 형태들을 검토하기 위해 예술가 집단과 사회운동 단체를 한자리에 불러 모았다. 불안정 노동, 국경과 이주, 젠트리피케이션, 뉴미디어, 해방적 정책 같은 주제들을 중심으로 여러 워크숍이 조직됐다. 새로운 사회운동들과의 협력을 보여주는 더 진전된 사례로는 〈어떻게 우리는 통치받기를 원하는가?〉라는 기획이 있는데, 이 기획은 2004년 바르셀로나 시의회가 개최한 국제문화포럼의 대항 모델로 구상됐다. 문화는 알리바이로 활용됐을 뿐, 국제문화포럼의 진짜 목적은 부동산 개발업자들의 큰 돈벌이가 될 바르셀로나 시 해안가의 '도시 재개발'을 홍보하는 것이었다. 로제 뷔르겔이 기획한 〈어떻게 우리는 통치받기를 원하는가?〉는 여러 장소의 재건축 현장에서 전시됐는데, 이 전시는 예술 작업과 사회적 역동성을 결합시키고 지역사회 운동들과의 토론을 연계시키며 진행됐다.

---

* 미술관이 보유한 영구 소장품을 기간에 구애받지 않고 무기한 전시하는 것이 기존 근대 미술관의 일반적 특징이라면, 동시대 현대 미술관은 기획된 주제에 따라 비영구적 소장품을 한시적으로 전시하는 특징을 갖는다. 이런 동시대 현대 미술관의 특징, 역할, 그 사례에 관해서는 다음을 참조하라. Claire Bishop, *Radical Museology, or What's Contemporary in Museums of Contemporary Art?*, London: Koenig Books, 2013. [구정연 외 옮김, 『래디컬 뮤지엄: 동시대 미술관에서 무엇이 '동시대적'인가?』, 현실문화, 2016.]

DE LA ACCIÓN DIRECTA COMO
UNA DE LAS BELLAS ARTES

TALLER DEL 23 AL 27 DE OCTUBRE DE 2000

▲ **바르셀로나 현대미술관, 〈순수 예술의 하나로서의 직접 행동에 관하여〉(2000)** 당시 대중프로그램 기획 담당자(1999~2009년)로 재임했던 호르헤 리발타(Jorge Ribalta, 1963~)의 기획으로 진행된 이 워크숍은 바르셀로나 현대미술관을 지역사회 운동 네트워크의 구심점으로 발돋움시켰다. 이 워크숍에 참여한 일군의 활동가들과 단체들이 바르셀로나 현대미술관의 지원 아래 이듬해 5월경 〈기관들〉(Las Agencias)이라는 새로운 기획에 착수했던 것이다. 이 새로운 기획의 목적은 2001년 6월 세계은행이 바르셀로나에서 개최할 예정이던 정상회담에 반대하는 시위를 지원하는 것이었다. 가령 투테 비안케는 〈기관들〉 소속의 예술가들이 각자의 사진·미술 작품 등을 활용해 제작한 호신용 방패를 들고 나와 거리 시위를 펼쳤다(위 사진. 2001년 6월 24일 촬영). 이 기획 덕분이었는지, 예정됐던 정상회담 일정은 취소됐다.

▲ **바르셀로나 현대미술관, 〈어떻게 우리는 통치받기를 원하는가?〉(2004)** 독일의 큐레이터 로제 뷔르겔(Roger Buergel, 1962~)이 기획한 이 전시는 일련의 전시회, 강연, 토론회 등을 통해 미술관(혹은 예술 기관들)과 지역 공동체의 융합을 지향했다. 여기서 뷔르겔은 미셸 푸코의 '통치'(gouvernement) 개념을 "타인들의 행위에 대한 행위"(action sur l'action des autres)로 해석해 예술 작품의 감상이라는 행위, 혹은 예술 작품이 관람객들에게 일으키는 행위(작용)가 관람객들의 기존 행위에 어떤 변화를 가져오는지, 그리고 관람객들과 그들 각자가 살고 있는 지역 공동체 간의 관계에 어떤 변화를 가져오는지, 마지막으로 이 모든 과정에서 미술관이 어떤 역할을 할 수 있는지 등을 실험했다(맨 위 사진은 카탈루냐어 전시 포스터, 위 사진은 국제문화포럼 개최 장소 외곽의 포블레노우-베소스 지역 내 길거리에 전시된 작품들).

바르셀로나 현대미술관의 경험은 근대적 미술관과 포스트모던한 미술관에 대한 급진적 대안을 보여주지만, 다른 여러 유형의 계획들 역시 언급할 가치가 있다. [슬로베니아의] 류블랴나 현대미술관 관장인 즈덴카 바도비나치는 동유럽과 서유럽의 새로운 아방가르드 운동들 간의 변별성을 강조하면서, 이 두 지역의 사회적 현실 사이에 존재하는 차이에 이목을 집중시키는 매우 흥미로운 전략을 실행해왔다.[13] 바도비나치가 보기에, 동시대 예술을 위한 미술관은 순수한 다양성이라는 다원주의를 명목으로 적대를 은폐해서는 안 되고 오히려 강조해야 한다. [서로 변별적이며 심지어 적대적인] 서사를 병렬 배치하는 방안을 제시하고, 매우 상이한 맥락에서 발전해온 예술을 수용할 수 있는 토대를 창출해야 하는 것이다. 이런 목표를 가지고 바도비나츠는 발칸 지역과 동유럽 전반에 연관된 여러 기획을 만들어냈다. 그 목적은 지역의 [예술] 제도들이 자신들의 역사에 관한 지식을 생산할 수 있는 가능성을 더 많이 제공하는 것이며, 그렇게 해서 간접적으로 전 지구적 예술 체계를 변화시키려는 것이다.

유기적 지식인으로서의 예술가

경합적 방식으로 개입하는 비판적 예술의 정치적 차원을 인정하려면 다음과 같은 관념에 도전해야 한다. 즉, 정치적이 된다는 것이 뜻하는 바는 현존하는 상황과의 완전한 단절을 요구하는 급진적 비판을 제

13) 가령 다음의 글을 참조하라. Zdenka Badovinac, "Contemporaneity as Points of Connection," *E-flux Journal: What Is Contemporary Art?*, Berlin: Stenberg Press, 2010, pp.152~156.

공하는 것이라는 관념 말이다. 바로 이런 관념이, 그 어떤 비판의 제스처도 만회될 수밖에 없기에 예술은 더 이상 비판적 역할을 할 수 없다고 보는 관점을 지탱시켜준다. 급진성이 위반을 뜻한다거나, 더 위반적일수록 더 급진적인 실천이라고 믿는 사람들도 유사한 실수를 저지른다. 이들은 미디어에 의해 그런 위반이 만회되는 것을 보면서, 예술이 비판적 역할을 할 수 없다고 재차 결론짓는다.

마찬가지 이유로, 비판적 예술은 거부를 표명해야만 존재할 수 있다고 보는 관점도 비판받아야 한다. 또한 [예술의] 숭고함을 주창하는 어떤 사람들이 가지고 있는 것처럼, 비판적 예술은 절대적 부정의 표현이어야 하며 '다루기 어렵고,' '재현될 수 없는' 것의 증언이어야 한다고 보는 관점도 비판받아야 한다. 흔히 일어나는 또 다른 오해는, 비판적 예술의 역할이 도덕적 비난에 있다고 보면서, 비판적 예술을 도덕주의적 측면으로 구상하는 것이다. 예술 생산품을 판단하는 어떤 합의된 기준이 더 이상 존재하지 않는 작금의 상황에 처해 있다 보니, 미적 판단을 도덕적 판단으로 대체하고 그 도덕적 판단을 정치적 판단인 양 여기려는 경향이 두드러지고 있다. 나는 이런 식의 개념화를 모두 '반정치적'이라 간주한다. 왜냐하면 헤게모니적인 정치적 투쟁의 성격을 제대로 파악하지 못하기 때문이다.

비판적인 예술적 실천은 대항헤게모니적 개입으로 구상될 경우, 지배적 헤게모니를 문제 삼을 수 있는 다층적 장소들을 창출하는 데 기여할 수 있다. [바로 이런 의미에서] 내가 볼 때, 예술·문화 분야의 종사자들은 그람시가 말하는 '유기적 지식인'의 범주에 속한다.

오늘날 예술가는 더 이상 급진적 비판을 제공하는 전위라도 되는 양 굴 수 없다. 그렇다고 이것이 예술가의 정치적 역할이 끝났음을 선포할 만한 이유가 되지는 않는다. 예술가에게는 헤게모니 투쟁에서 해야 할 중요한 역할이 있다. 새로운 실천과 새로운 주체성을 구축함으로써, 예술가는 현존하는 권력의 배치를 전복하는 데 도움을 줄 수 있다. 사실, 이런 것이야말로 언제나 예술가의 역할이었다. 예술가의 특권적 지위라는 근대주의적 환상만이, 우리가 이와는 다르게 믿도록 만들었던 것이다. 일단 이런 환상(그리고 이와 더불어 이런 환상을 수반하는 정치의 혁명주의적 개념화)을 버리기만 한다면, 우리는 예술적·문화적 실천이 오늘날 할 수 있는 비판적 역할을 제대로 구상해볼 수 있을 것이다.

6
결 론
Conclusion

이 책의 출판을 위해 수록된 논문들을 수정하는 동안, 놀랄 만한 일이 일어났다. 2011년과 2012년, 중동과 서구에서 대중 시위가 급증하면서 그동안 이론적 수준에서 내가 다뤄왔던 많은 쟁점들이 갑자기 긴급한 현실성을 얻게 된 것이다. 이 새로운 국면을 고려하기 위해, 나는 책의 편집 과정에서 최근의 사건들에 대한 언급을 몇몇 장에 추가했다. 하지만 [이에 대한] 더 많은 고찰이 필요하다고 느끼며, 그러기에 이 결론 부분에서 바로 그런 고찰을 해보고자 한다.

우선 분명히 밝히겠는데, 나는 튀니지와 (리비아, 심지어 시리아는 말할 것도 없고) 이집트에서의 투쟁, 프랑스의 [파리] 근교에서 발생한 반란, 영국에서의 폭동, 이스라엘에서의 시위, 그리스에서의 대중 동원, 스페인에서의 '인디그나도스'[분노한 사람들]의 노숙 투쟁, 칠레와 캐나다 퀘벡에서의 학생 운동, 이스라엘에서의 항의,* 미국과

---

* '이스라엘에서의 시위'는 2011년 5월 15일 팔레스타인인들이 '나크바(Nakba)[대재앙]의 날'(1948년 이스라엘이 독립을 선언하면서 추방당한 팔레스타인인들을 기리는 날)을 맞이해 이스라엘 국경 지대에서 일으킨 시위를 말하고, '이스라엘에서의 항의'는 2011년 7월 14일 이스라엘의 활동가 다프니 리프(Daphni Leef, 1986~)가 높은 월세에 항의해 텔아비브 중심가에 텐트를 치며 시작된 '텐티파다'(tentifada), 즉 텐트를 치고 벌이는 인티파다 시위를 말하는 듯하다. 물가

유럽에서 일어난 다양한 형태의 '점거 운동' 등을 대충 하나로 묶으려는 경향에 동의하지 않는다. 이처럼 대단히 이질적인 운동들을 동질화하지 않는 것이 중요하다고 나는 확신한다.

물론 몇몇 경우에서 유사한 특성들(예컨대 페이스북 같은 소셜 네트워크나 트위터 같은 마이크로블로깅 사이트의 사용)이 발견되지만, 그 역할은 종종 지나치게 과장됐다. 가령 튀니지와 이집트의 경우를 두고 '구글 혁명'이라 말하는 것은 분명 우스운 일이다. 중동의 경우에는 인터넷이 아니라, 집에서든 동네 카페에서든 많은 대중들에게 접근이 용이한 텔레비전이 결정적인 역할을 한 것으로 보인다.

더 의미심장한 공통성은 공공 장소를 공간적으로 점거한 것과 관련된다. 카이로의 타흐리르 광장 점거가 마드리드의 솔 광장 점거, 아테네의 신타그마 광장 점거, 그리고 다양한 점거 운동 진영에 본보기로 끼친 영향력을 부정할 수 없다. 그러나 사람들을 이 [각각의] 장소들로 불러 모은 이유는 무척 달랐다. 중동의 경우에는 독재 정권을 겨냥한 시위였지만, 유럽과 미국의 경우에는 주로 민주주의 체제의 결함과 그 체제가 금융 세력에게 종속되는 것에 저항을 표출하는 시위였다. 이 운동들은 매우 특정한 상황의 산물이며, 목표도 서로 다르다. 이 운동들이 '낡아 빠진' 대의적 형태의 정치를 대체할 수밖에 없는 새로운 유형의 '분자적' 정치를 보여준다고 공언하는 것은 상당히 문제적이다. 더욱이 이런 공언은 각 운동들이 지닌 다양한 맥락과 특정한 성격의 특수성을 도외시하게 만든다.

상승과 빈부 격차에 항의하는 것으로 시작된 이 텐티파다는 곧 '사회 정의'를 요구하는 시위로 발전하면서 이스라엘 전역으로 확대됐고, 약 40만 명의 시위대가 텔아비브 시내를 행진한 9월 3일에 최고조에 달했다.

여기서 이 다양한 대중 동원을 세세히 연구하는 것은 적절하지 않다. 게다가 나의 관심을 끄는 지점도 약간 다르다. 나는 이 운동들에 대한 급진 정치 이론가들의 반응과 이 운동들이 각기 다르게 해석되는 방식을 검토하고 싶다. 이 운동들을 ('공통적인 것'의 보편적 열망에 의해 추동된) 새로운 유형의 행동주의로 이해해야 한다는 주장들이 많았는데, 이런 주장들은 면밀히 검토할 만하다.** 이런 주장들은 내가 이 책에서 논의한 몇몇 문제를 직접 다루고 있기 때문에 [그것들에 대한 검토는] 나의 경합적 접근법이 현재 상황의 특수성을 파악하는 데 타당한지 시험해볼 수 있는 기회를 제공해줄 것이다.

또 다른 분석이 필요한 중동에서의 봉기들은 잠시 옆으로 밀어두고, 자유민주주의 사회에서의 다양한 동원들이 어떻게 해석되어왔는지에 대해 집중해보겠다. 정치 평론가들 사이에 적어도 한 가지 주제에 대해서만큼은 폭넓은 합의가 있음을 우리는 알고 있다. 즉, 최근의 시위들이 단지 작금의 긴축 조치에 대한 반응인 것만은 아니라는 점이다. 이 시위들은 민주주의적 제도들에 대해 더 근본적인 정치적 불만을 드러내고 있으며, 그 제도들의 위기를 표면화시켰다. 그러나 이런 위기의 원인과 필요한 해결책에 대해서는 의견이 갈린다. 이런 변별성을 검토해보면, 그것이 내가 4장에서 검토한 바 있는 급진 정치에 대한 각기 다른 접근법('제도로부터의 이탈' 혹은 '제도에 대한 개

** 특히 안토니오 네그리와 마이클 하트는 이 일련의 다양한 사회적 투쟁들을 개방적·민주적·자치적·집단적 형태의 정치를 발명하려는 '공통적인 것'을 향한 열망으로 이해한다. Michael Hardt and Antonio Negri, *Assembly*, New York: Oxford University Press, 2017. [이승준·정유진 옮김, 『어셈블리: 21세기 새로운 민주주의 질서에 대한 제언』, 알렙, 2020.]

입')에서 비롯되고 있음을 알게 될 것이다. 실제로 서로 상충하는 방식으로 최근의 시위들을 해석하는 틀을 짜고 그 잠재력을 평가하는 데 영향을 끼치고 있는 것이 바로 이런 이분법이다.

새로운 유형의 행동주의?

한 가지 중요한 구별을 출발점으로 삼아보고 싶다. 최근 자유민주주의 사회에서 일어난 대중 동원들 중에는 좀 더 전통적인 좌파적 패턴을 따르는 동원도 있고, 그와 변별되는 동원도 있다. 이들 간의 부인할 수 없는 유사성에도 불구하고, 가령 스페인의 인디그나도스와 칠레의 학생 운동을 흔히 그래왔듯이 동일한 범주로 묶으면 오해가 생긴다. 칠레의 경우는 더 나은 교육을 위해 싸우고 국가에 특정한 요구들을 주장하는 전통적인 좌파적 학생 동원에 더 가깝다. 이 운동은 공식적으로 조직화됐으며, 정당 가입을 거부하지 않는 지도부를 선출했다. 최초의 지도부 중 한 명인 카밀라 바예호*는 실제로 공산당 당원이며 현재 국회의원 후보로 총선에 출마할 예정이다.

이런 상황은 "이제는 진정한 민주주의!"¡Democracia Real Ya!를 외치는 15M 운동**의 인디그나도스와는 완연히 다르다. 인디그나도스

* Camila Vallejo(1988~). 칠레의 정치인. 국립칠레대학교 학생회장 겸 칠레학생연합 대변인이던 2011년 당시 가장 중요한 사회적 쟁점이던 무상교육 투쟁을 주도했고, 이 투쟁을 포괄적인 사회적 연대 투쟁으로 발전시켜 유명해졌다. 학생들의 요구 일부(교육 예산 확대, 저소득층 교육비 지원 등)가 관철된 이 투쟁은 2012년 지역 선거에서 좌파의 승리를 이끄는 견인차 역할을 했고, 본인 역시 2013년 11월 17일 칠레공산당 소속으로 총선에 출마해 당선됐다.

** Movimiento 15M. 2011년 당시, 2년이 넘게 지속된 스페인의 경제 위기, 정부의 긴축 정책, 정당 정치의 부패에 분노한 스페인 대중들[인디그나도스]이 일으

는 '진정한' 민주주의에 찬성해 대의 민주주의 체제를 거부하고, '의회주의' 대신에 '총회-주의'***를 장려한다. 계속 지도부 없이 남아 있기를 고집하면서 인디그나도스는 선거·정당·노동조합 같은 전통적 정치 제도들과의 어떤 연계도 거부한다.

이와 유사한 대의 정치에 대한 부정적 태도는 (인디그나도스의 그리스 판본인) '아가나크티스메노이'[분노한 사람들]Aganaktismenoi와 유럽·북미의 다양한 점거 운동 중 일부에서도 나타난다. 비록 후자의 경우에는 적어도 적이 누군지를, 즉 나머지 99%를 억압하는 1%로 보이는 금융 기관을 자신들의 적으로 지목하고 있지만 말이다.

또한 인디그나도스와 점거 운동이 공유하고 있는 것은 리좀적인 수평적 성격이다. 이 운동들은 지도부 없는 네트워크로서, 중심 없는 플랫폼으로서 기능한다. 초기에, 즉 지방 당국에 의해 쫓겨나기 전까지 이들은 공공 광장에 노숙 캠프를 설치하는 데 주력했다. 두 번째 국면에 접어든 지금, 이들은 지역 사회 수준에서의 행동주의를 통해, 부채·압류·퇴거 같은 특정 쟁점 중심의 조직화를 통해 항의의 형태들을 다양화하려고 노력 중이다. 이런 계획의 일부는 전도유망해 보이지만, 운동 본래의 기반을 포기하도록 강요당하는 현재의 상황에

킨 운동. 5월 15일 마드리드의 솔 광장을 점거하며 시작되어 이런 이름이 붙었다. '지도자 없는' 자발적 풀뿌리 대중 운동으로 출발한 이 운동은 (적어도 이 책이 출간된 2013년까지는) 반제도주의적 태도를 강하게 견지했다.

*** assemble-ism. 여기서 무페가 다루고 있는 2011~12년의 여러 사건들을 나름대로 종합하면서 인민 대중들의 'assembly'를 "그것을 통해 새로운 민주적인 정치의 가능성들을 인식하는 렌즈"로 제시한 네그리와 하트 식의 주장을 지칭하는 표현인 듯하다. 특히 다음을 참조하라. Hardt and Negri, *Assembly*, pp.xxi, 227~295. [『어셈블리』, 33~34, 383~484쪽.]

서 이 운동들의 미래를 예측하기란 쉬운 일이 아니다. 어쨌든, 처음부터 이 운동들은 매우 다양했고 분산된[탈중심화된] 방식으로 활동했기에, 동일한 방식으로 진화될 것 같지는 않다.

이미, 새로운 지지층의 참여로 시위의 성격이 변환된 스페인과 그리스에서는 중요한 진전이 일어났음이 확실하다. 현재 우파인 국민당이 절대 다수로 권력을 쥔 스페인의 경우, 시위는 확대되고 다른 성격을 획득했다. 노동조합의 주도로 대규모의 동원이 조직된 것이다. 이 시위에서 상이한 부문의 대중들은 공공 서비스의 민영화, 행정의 재-중앙집권화, 시위의 범죄화를 중심으로 하는 국민당의 극단적 긴축 프로그램에 대한 거부를 분명히 표명했다.*

그리스의 경우도 마찬가지인데, 아가나크티스메노이가 거의 완전히 자취를 감춘 지금에는 급진 좌파 정당인 시리자가 [등장해] 집권 보수당인 신민주당의 정책에 반대하는 대중 시위를 조직했다. 곧 논의하겠지만, 이것은 이런 운동들의 미래, 이런 운동들이 지닌 변

---

* 이 책의 출간 당시(2013년) 무페가 지적한 스페인에서의 '중요한 진전'은 여기서 그치지 않았다. 시위의 조직적 성격이 확대되고 특정 쟁점들이 부각되면서 15M 운동 참여자들은 제도화된 정당의 형태를 통해 자신들의 정치 세력을 조직화해갔기 때문이다. 이들은 2014년 1월 16일 '포데모스'(Podemos)["우리는 할 수 있다"라는 의미이다]라는 정당을 창당해 선거를 통한 '정치 제도로의 개입'을 적극 추진하기 시작했다. 포데모스는 창당 4개월 만에 5명의 유럽의회 의원을 당선시켰고, 2015년 5월 스페인 지방 선거에서 바르셀로나와 마드리드 등 주요 도시의 의회를 장악했다. 그리고 같은 해 12월 총선에서는 21%를 득표해 원내 제3당이 됨으로써 30년이 넘게 지속되어온 국민당과 사회노동당의 양당 체제를 무너뜨리는 놀라운 정치적 성과를 거뒀다. 이후 현재까지 15~20% 안팎의 득표율을 유지하면서 2018년 사회노동당과 소수 연립정부를 구성하는 등 자신들의 정치적 실험을 계속하고 있다.

화의 잠재성을 구상할 때, 좌파 정당의 역할을 간과해서는 안 된다는 사실을 보여준다.

이와 같은 이후의 진전들을 고려해보면, 최근 시위들의 복잡한 성격이 전면에 드러난다. 작금의 민주주의 체제에 대한 이 시위들의 비판이 각기 다르게 해석될 수 있는 이유가 바로 여기에 있다. 시위자들 중에는 자유민주주의를 전면적으로 거부하고 직접 민주주의를 통해 스스로 조화를 이루는 사회를 열망하면서, 일체의 대의[제] 형태에 반대하는 활동가들이 있다. 그러나 다른 그룹들의 경우, 그 목표는 대의 제도들을 없애는 것이 아니라 그 제도를 향상시켜 시민들에 대해 더 많이 책임지도록 하는 데 있다. 엑서더스적 접근법에 영향 받은 많은 이론가들은 첫 번째 유형의 비판을 특권화하면서, 전통적인 제도들 바깥에서 새로운 형태의 사회적 관계를 구축하는 다중의 역량이 발현된 것으로 최근의 동원들을 해석해왔다. 이들은 그런 동원들을 '공통적인 것'의 실현으로 찬양하며, 그 동원들의 노숙 투쟁을 '절대 민주주의'의 원형으로 제시한다.

엑서더스적 접근법에 영향 받은 [또 다른] 일부 이론가들은 '수평주의적'이고 '현재주의적'인 성격의 새로운 민주주의적 실천이 출현했음을 강조해왔다. 예컨대 이자벨 로레이는 이 운동들의 특징이 포스트포드주의에 전형적인 불안정 노동자들이 벌이는 새로운 형태의 투쟁에 있다고 보는데, 스페인의 인디그나도스가 "이제는 진정한 민주주의!"를 외치면서 옹호하는 것은 모든 시민이 참여할 수 있는 직접 민주주의라기보다는, 대의제를 넘어서 근본적으로 다르게 이해되는 민주주의(자신이 '현재주의적 민주주의'라 부르는 사실상의[in actu] 민주주의)라고 주장한다. 로레이가 보기에 점거 운동 전반을 특징짓는 것은 바로 이와 같은 '현재주의적' 관점이며, 바로 여기에 그 운동의 새로움이 있다. 로레이의 분석은, 특히 이런 관점을 웅변적으로 보여주고 있기 때문에, 길게 인용할 만하다.

> 점거 운동은 직접 민주주의와 대의 민주주의라는 상호 보완적인 두 형상으로부터의 탈출exodus, 수직적으로 통합하는 제도화로부터의 탈출을 의미한다. 왜냐하면 이 운동은 비사법적 방식으로 행동하며, 현재주의적이고 수평적인 방식으로 민주주의를 실천하기 때문이다. 이것은 현존하는 '서구적' 민주주의 질서와의 단절과도 같다. 탈출은 중앙의 공공 광장에서, 수많은 이들의 총회에서, 새로운 생활방식의 실천 속에서 제 모습을 드러낸다. 이 현재주의적 운동은 자기-조직화하며 민주주의적 구성 권력을 도입하고 있는바, 권력을 장악하는 낡은 투쟁을 되풀이하려고 하기보다는 대의와 주권의 사법적 논리에서 스스로 벗어나고자 한다.[1]

로레이는 다양한 점거 운동이 정치·사회·경제에서의 급진적 변화를 재현하며, '대의를 넘어서는 구성 권력'의 출현을 예고한다고 주장한다. 안토니오 네그리의 분석을 따라, 로레이는 이 구성 권력을 사법적으로 제도화된 권력 속에서 대의되거나 구현될 수 없는 과정으로 바라본다. 그리고 구성 권력은 대의를 통한 중재를 거부해야 하

1) Isabell Lorey, "On Democracy and Occupation: Horizontality and the Need for New Forms of Verticality," *Institutional Attitudes: Instituting Art in a Flat World*, ed. Pascal Gielen, Amsterdam: Valiz, 2013, p.53.

며, '인민'으로 길들여져서는 안 된다고 강조한다. 그러므로 현재주의적 민주주의는 대의 민주주의의 반대이다. 즉, 이것은 정부에 어떤 요구도 하지 않는 집합적인 정치적 실천의 문제이다.

점거 운동 같은 동원들은 많은 주목을 받았으며, 부인할 수 없는 반향을 일으켰다. 하지만 이 때문에 잊어서는 안 되는 것이 있는데, 자신들의 목소리를 들려주기 위해 시민들이 전통적인 정치적 경로 바깥에 모인 것이 이게 처음은 아니라는 사실이다. 메리 캘도어와 자비네 젤초의 지휘 아래 진행된 최근의 연구가 상기시켜주듯이, 그들이 '지하' 정치라 부르는 것은 한참 전부터 [우리] 주위에 존재해왔다. 그리고 그들이 말하듯이 2011년과 2012년에 우리가 목격한 것은 이 지하 정치의 '용솟음'이다.[2] 이 용어를 통해 그들은 (좌파든 우파든) 주류 정치에서는 대체로 보이지 않는 모든 유형의 정치 집단, [의제나 쟁점의] 발의, 사건 또는 관념을 나타낸다.

점거 운동이 이와 같은 범주에 해당되지만, '슈투트가르트 21'에 대항한 독일의 '부트뷔르거,'* 정당 외부에서의 다양한 시민 참여, 반

2) Mary Kaldor and Sabine Selchow, "The 'Bubbling Up' of Subterranean Politics in Europe," opendemocracy.net, 12 October, 2012. [메리 캘도어와 자비네 젤초에 따르면 '지하 정치'(subterranean politics)란 일종의 작업 가설로서, 조직된 정치적 행위를 하든 안 하든, 공식적인 정치적 의제를 제시하든 안 하든, 공식적인 정치 영역이나 제도(가령 의회, 비정부기구, 시민사회 단체 등) 외부에 존재하기에 잘 보이지 않고, 그렇기 때문에 주류의 정치적 논쟁에서 배제되는 정치를 의미한다. 이런 의미에서 '제도 밖의 정치'라고 이해해도 될 법하다. 더 자세한 내용으로는 다음을 참조하라. Mary Kaldor and Sabine Selchow (ed.), *Subterranean Politics in Europe*, London: Palgrave Macmillan, 2015.]

* Stuttgart 21. 독일의 슈투트가르트 시와 바덴-뷔르템베르크 주가 기존의 슈투트가르트 중앙역을 철거하고 고속철도가 통과하는 새로운 역사를 지하에 건

세계화 시위, 세계사회포럼 네트워크, 그리고 다양한 영역에서 등장한 여타 수많은 시민사회의 발의 운동 등도 이 범주에 해당된다. 캘도어와 젤초는 다양한 해적당을, 더 놀랍게는 헝가리의 '요비크당'이나 그리스의 '황금새벽당' 같은 여러 우파 대중주의 운동들**마저도 이 범주에 위치시킨다.

지하 정치의 해방적 형태에 중점을 둔 캘도어와 젤초의 연구는 유럽의 인디그나도스에게 자긍심을 부여한다. 이들의 연구는 활동가들과의 대담에 기반을 두고 있는데, 이 활동가들의 답변은 검토해볼 만하다. 가령 [이들의 답변을 통해] 우리는 점거 운동의 많은 활동가들이 세계사회포럼에 비판적이라는 것을 알게 되는데, 이들은 세계사회포럼이 전통적 좌파의 영향을 너무 많이 받았다고 본다. 이런 점은 좌우 양쪽의 모든 정치인을 거부하는 15M 운동의 인디그나도스가

설하기 위해 추진한 1백억 유로의 대규모 사업 계획. 1994년 4월 18일 이 계획이 발표되자 슈투트가르트 시민들은 이 사업이 역사 주변의 환경을 오염시키고 은행과 대기업의 이익을 위해 막대한 공적 자금이 투여된다며 반대 운동에 돌입했는데, 2010년 2월 2일 공사가 착공되면서부터 절정에 다다른 이 반대 운동에 참여한 시민들을 언론들이 '부트뷔르거'(Wutbürger), 즉 '분노한 사람들'이라고 불렀다. 이 반대 운동은 2011년의 주 총리 선거에서 녹색당 후보를 당선시키는 등의 성과를 거두기도 했지만 같은 해 11월 27일 실시된 주민투표에서 59%가 공사 중단 반대를 선택함으로써 그 동력이 한풀 꺾이게 됐다. 결국 이 계획은 2025년 완공을 목표로 현재 공사가 진행 중이다.

** '요비크당'의 정확한 명칭은 '더 나은 헝가리를 위한 운동'(Jobbik Magyarországért Mozgalom)으로, 2003년에 "헝가리의 가치와 이해관계를 보호한다"라는 모토 아래 창설된 보수 애국주의 기독교당이다(헝가리어 'jobbik'은 '더 나은'이라는 뜻 외에도 '오른쪽,' 즉 우파라는 뜻을 갖고 있다). '황금새벽당'의 정확한 명칭은 '인민연합-황금새벽'(Laïkós Sýndesmos-Chrysí Avgí)으로, 1993년에 창당한 극우 민족주의 정당이다. '더 위대한 그리스'를 표방하며 국경 확대, 외국인 추방, 이민 금지 등을 주장해 언론들로부터 네오나치라 불리기도 한다.

보여주는 태도와 일치한다. 또한 이들의 답변은 활동가들의 이데올로기적 지향성에 커다란 격차가 있음을 보여주는 징조이기도 하다. 이 격차는 15M 운동의 선언문에서도 공개적으로 인정되고 있다. "우리 중에는 스스로 진보적이라 여기는 사람도 있고, 보수적이라 여기는 사람도 있다. 신자인 사람도 있고, 아닌 사람도 있다. 명확히 규정된 이데올로기를 가진 사람도 있고, 비정치적인 사람도 있다."[3] 이와 같은 견해들의 이질성과 합의에 도달해야 한다는 [이들의] 주장을 감안한다면, 총회가 수평적 의사 결정 과정을 통해 최종 결의안을 만들어내려 할 때, 어떤 특정한 제안을 하기 위해 필요한 체계적 중심이 대체로 결여되어 있다는 사실이 놀랄 만한 일은 아니다. 실제로 일부 활동가들은 요구를 정식화한다는 생각 자체에 반대한다.

'지하' 정치에 관한 프로젝트를 위해 이뤄진 이 대담들은 활동가 다수가 전형적으로 대의제에 반대 입장을 취하고 있다는 주장에 의구심을 갖게 한다. 이 운동들에 참여한 활동가 중에 그런 반대 입장을 지닌 사람이 있다는 사실은 부인할 수 없으며, 나 역시 노숙 캠프와 총회에서 전개된 몇몇 실천들의 '현재주의적' 성격을 인정할 용의가 있다. 그러나 모든 분노한 사람들이 대의제를 넘어선 민주주의의 수립을 목표로 한다고 표현하는 것은 이 시위들을 대단히 편파적인 방식으로 읽는 것이다. 하지만 내가 보기에 더 중요한 점은, 비록 그런 견해가 지배적일지라도, 그렇기 때문에 그런 [반-대의제] 전략

3) "Manifesto of the 15 May Movement," Mary Kaldor, Sabine Selchow, Sean Deel and Tamsin Murray-Leach, *The 'Bubbling up' of Subterranean Politics in Europe* London: Civil Society and Human Security Research Unit, London School of Economics and Political Science, 2012, p.12. 재인용. [eprints.lse.as.uk/44873]

이 적절하다거나 수평성과 현재주의의 영향을 받은 실천이 진보적 투쟁의 근간을 규정해야 한다고 충분히 결론내릴 수 있는 것은 아니라는 점이다. 우리는 그런 실천의 유효성에 대해, 그런 실천이 그 스스로가 고발하는 불평등이 철폐된 다른 유형의 사회를 가져올 잠재력을 갖고 있는지에 대해 질문해야 하는 것이다.

사실상 점거 운동의 진화 자체가 그 실천들의 한계, 활동가들이 자인해온 한계를 드러낸다고 주장할 수 있을 것이다. 가령 월스트리트 점거 운동이 탄생한 지 정확히 1년 뒤인 2012년 9월 17일, 이 운동에 깊이 관여했던 마크 그리프는 월스트리트 점거 운동이 평등이라는 쟁점을 의제화하는 데는 성공했을지라도, 월스트리트나 금융기관과 관련해 가졌던 그 목표들에 있어서는 대부분 실패했다고 단언하는 글을 썼다.[4] 점거 운동 진영의 장단점에 대한 그리프의 평가는 점거 운동이 미국의 정치 담론에 끼친 영향력을 높이 평가하면서도, 이 운동에는 제도적 변화를 가져오기 위한 전략이 부재했음을 지적하는 많은 사람들에 의해 공유되고 있다.

점거 운동들은 서구 사회 한가운데에 존재하는 터무니없는 불평등에 분노를 표명하면서 중요한 쟁점들을 제기해왔고, 그렇게 함으로써 희망을 갖고 대안을 요구하도록 사람들에게 동기를 부여할 수 있다. 하지만 이것은 단지 시작에 불과할 뿐이다. 권력 관계를 효과

---

4) Mark Greif, "Occupy Wall Street a un an," *Le Monde*, 17 septembre 2012. [마크 그리프(Mark Greif, 1975~)는 미국의 사회비평지 『n+1』의 공동 창간자로, 월스트리트 점거 운동 현장의 목소리를 담은 책을 공동으로 집필·편집하기도 했다. Sarah Leonard, Sarah Resnick, and Editors from *n+1, Occupy!: Scenes from Occupied America*, London: Verso, 2011; 유영훈 옮김, 『점령하라: 세계를 뒤흔드는 용기의 외침』, 알에이치코리아, 2012.]

적으로 변환시키려면, 이 시위들에서 나타난 새로운 의식에게 제도적 경로가 필요하다. 내가 이 책에서 논의해왔듯이, 신자유주의에 도전하기 위해서는 그 핵심 제도들에 대한 개입이 반드시 필요하다. 마치 이 지배적인 자본주의적 구조가 어떤 대결도 없이 서서히 약해져 사라질 것인 양, 이 구조의 바깥에서 공통적인 것의 새로운 존재 형태를 조직하는 것만으로는 충분하지 않은 것이다.

마크 피셔가 수평주의의 한계를 밝히면서 말한 것처럼 말이다.

> 만일 점거 운동이 (적어도 어떤 측면에서) 정부 정책이나 (적어도 어떤 측면에서) 주류 미디어를 통해 전파되는 헤게모니에 영향을 주는 데 목표를 두지 않는다면, 그 운동의 희망이란 무엇인가? 수평주의적으로 전개해가면서 점거 운동은 예시적이 되는 것에 목표를 둔다. 즉, 미래의 (탈위계적) 정치 조직의 형태를 학수고대한다. 따라서 문제는 [그들이 학수고대하는] 이런 정치 조직의 형태들을 (국가 기관이나 대중 매체 없이) 어떻게 전파할 것인가 하는 점이다.[5]

나는 일부 점거 운동가들의 반제도주의적 전략이 갖는 문제뿐만 아니라, 그들의 시위가 절합되는 담론의 유형에 관해서도 유보적이다. 금융 체제에 대항해 분노의 목소리를 내는 것은 인정할 만한 일이지만, 그런 일은 그 체제를 구축하는 이데올로기적·경제적·정치

---

5) Mark Fisher, "Indirect Action: Some Misgivings about Horizontalism," *Institutional Attitudes: Instituting Art in a Flat World*, ed. Pascal Gielen, Amsterdam: Valiz, 2013, p.59.

적 세력들을 겨냥하면서 정치적인 방식으로 이뤄져야만 한다. 그렇지 않으면 작금의 시위들이 좋음/나쁨이라는 이분법에 기댄 채 도덕성의 명부 안에서 작동할 실질적인 위험이 존재한다.

점거 운동이 인디그나도스와는 달리 월스트리트, 런던증권거래소, 여타 금융 기관 같은 명확히 규정된 대결자를 가지고 있다는 점은 분명 긍정적이다. 그러나 "우리는 99%"라는 이 운동의 구호는 그리 만족스럽지 않다. 선동적일지는 모르겠지만, 이 구호는 사회 안에 존재하는 광범위한 적대를 충분히 인식하지 못하고 있음을 드러내며, 또한 상당히 순진하게도 '나쁜' 1%가 제거되면 합의적 사회가 자리 잡을 가능성이 있다고 믿고 있음을 보여준다. 이런 식의 추론은 부자에 대한 도덕주의적 비난으로 쉽게 이어질 수 있다. 더 공정하고 민주적인 사회를 창출하기 위해 도전할 필요가 있는, 권력을 쥔 세력들의 복잡한 배치를 정치적으로 분석하는 대신에 말이다. 지나치게 포괄적이라는 점 외에도, 이 구호는 '우리'를 미리 주어진 단위처럼 당연시하는 듯하다. 다양한 시위들 간에 등가 사슬을 절합해 이 '우리'를 구축하는 필수적 과정을 제거해버리는 것이다. 단언컨대, 차이를 가로질러 집합적 의지를 구축하는 그 순간이야말로, 그것 없이는 적절한 전략을 고안할 수 없는 결정적인 정치적 단계이다.

[지금까지] 논의되어온 바에 따르면, 합의적인 '진정한 민주주의'를 외치는 운동들 사이에 실재적인 정치적 전략이 부재하다는 사실은, 여전히 그 운동들이 정치적인 것의 성격을 이해하지 못하게 만드는 자유주의의 틀 아래에서 정치를 구상하고 있음을 보여준다. 이런 주장은 제이슨 히클에 의해 제기됐는데, 히클은 신자유주의적인 자본주의 축적 양식을 약화시키는 데 실재적으로 아무런 영향도 끼

치지 못한 월스트리트 점거 운동의 무능과 결함은 "자유주의를 떠받치고 있는 전제들과 주체성이 점거 운동 내부에서 계속 작동하고 있다"는 사실에서 비롯된다고 공언한다.[6] 점거 운동들의 특징을 분석하면서 히클은 자유주의 이데올로기가 그 운동들에 영향을 끼치는 방식을 밝혀낸다. 히클의 말에 따르면, 비위계적이며 합의에 근거한 참여 민주주의라는 점거 운동의 구조는 다양성과 관용을 찬양하는 자유주의의 윤리를 그 극단까지 끌고 가는데, 이 때문에 점거 운동들은 자본주의 사회에서의 권력의 성격과 헤게모니의 실상을 이해하지 못하게 된다. 더구나 히클은, 점거 운동들이 의견이 다른 사람들을 소외시키거나 다양성을 꺾지 않기 위해서라며 특정한 요구를 중심으로 한 조직화를 거부하는 것에서, 이 운동들의 반정치적 태도와 "총력으로 최고치를 실현하는 자유주의 윤리"를 확인한다.

우리는 점거 운동들과 자유주의적 접근법이 서로 수렴하는 또 다른 지점을 양쪽이 모두 국가를 악마화한다는 것에서 찾아볼 수 있는데, 이 점은 신자유주의적 시대정신의 핵심적인 특징이다. 사회민주주의적 복지 국가가 창출한 제도들의 해체를 반복적으로 시도해온 신자유주의의 옹호자들은, 국가와 관련된 모든 것이 (전체주의가 아니라면) 본질적으로 권위주의적이며 개인의 자유에 해로운 것이라 폄하하면서 적의에 찬 반국가적 수사법을 꾸준히 사용해왔다. 억압적 국가에 반대하고 자유 시장의 덕목을 찬양하는 이항 대립적 수사법을 동원함으로써 신자유주의의 옹호자들은 시장의 우월성과 모든

6) Jason Hickel, "Liberalism and the Politics of Occupy Wall Street," *Anthropology of This Century*, no.4, May 2012. [eprints.lse.ac.uk/id/eprint/43389]

사회 영역의 상품화를 정당화할 수 있었고, 그렇게 함으로써 신자유주의적 헤게모니의 기반을 확립했다.

포스트노동자주의 이론가들을 비판한 4장에서 살펴봤듯이, 국가에 대한 이런 부정적인 태도는 일부 급진 좌파들에게서도 발견된다. [양쪽 모두] 분할과 헤게모니를 초월하는 자기-조절적 사회가 가능하다는 믿음을 공유하고 있다는 점이 이런 수렴을 설명해줄 수 있다. 물론 신자유주의자들과 급진주의자들은 그런 사회를 매우 다르게 구상한다. 신자유주의자들은 현존하는 권력 관계의 실재성을 부정하는 반면에, 급진주의자들은 권력이 사라져버질 사회의 도래를 선언한다. 그런데도 불구하고 이 두 가지 견해에서는 적대적 차원에서의 정치적인 것과 권력의 구성적 역할에 대한 거부가 공통적으로 발견된다. 사회적 관계가 언제나 권력 관계라는 사실을 회피하는 것이 아니라면, 어떻게 존 홀러웨이처럼 "권력을 장악하지 않고도 혁명을 일으키는 것"이 가능한 척할 수 있겠는가?*

'수평주의적' 항의 운동들도 반국가적인 신자유주의적 수사법을 취한다. 이 운동들은 시장 너머의 '공통적인 것'을 찬양하지만, 국가와 연계된 모든 제도와 '공적인 것'을 거부하는 그 태도는 신자유주의적 태도와 섬뜩할 만큼 유사하다. 국가를 역동적이고 모순이 관통하는 일련의 복잡한 관계로 보지 않고 일괴암적 실체로 보는 그들의 고집은 국가 제도들에 대한 통제가, 사회의 상품화와 싸우기 위한 다층적 가능성을 제공할 수 있음을 인식하지 못하게 만든다.

---

* John Holloway, *Change the World Without Taking Power*, London: Pluto, 2002. [조정환 옮김, 『권력으로 세상을 바꿀 수 있는가』, 갈무리, 2002.]

경합적 접근법

나는 작금의 동원들을 다르게 해석해보고자 한다. 나는 널리 만연된 '탈정치적' 경향을 비판한 『정치적인 것에 대하여』(2005)에서, 우리는 대부분의 자유민주주의 사회에서 정치를 장악해버린 '중도적 합의'의 결과로 나타난 대의제의 위기를 목격 중이라고 진단했다. 이 합의는 신자유주의적 헤게모니가 도전받지 않아서 생긴 결과로, 자신의 목소리를 들리게 할 수 있고 실재적인 대안들 중 선택을 할 수 있게 해주는 경합적 토론을 민주적 시민들로부터 빼앗아간다.

최근까지 사람들은 주로 우파 대중주의 정당을 통해 이런 탈정치적 상황에 대한 분노를 터트릴 수 있었다. 최근의 시위들에서 우리는 우리의 '탈민주주의적' 사회를 특징짓는 민주주의의 결여에 대응하는 다른 방식, 훨씬 더 존중할 만한 방식의 출현을 보고 있다.** 하지만 이 두 경우 모두에서 관건은 현존 질서에 대한 근본적 불만이다. 오늘날 젊은이들뿐만 아니라 전 인구에 걸쳐 수많은 사람들이 거리를 장악하고 있다면, 이는 그들이 전통적인 정당들을 신뢰하지 않고 전통적인 정치적 경로를 통해서는 자신들의 목소리를 들리게 할 수 없다고 느끼기 때문이다. 시위자들이 자신들의 구호 중 하나를 통해 주장하듯이, "우리에게 투표권은 있지만, 목소리는 없다."

내가 제안하는 바는, 작금의 시위들을 탈정치적 질서에 대한 거부로 이해한다면, 이 시위들이 자유민주주의 제도들의 폐기를 요구

** 무페에게 탈민주주의란 평등과 인민 주권이라는 민주주의 이상의 두 축이 침식되는 상황을 뜻한다. Chantal Mouffe, *For a Left Populism*, London: Verso, 2018, p.13. [이승원 옮김, 『좌파 포퓰리즘을 위하여』, 문학세계사, 2019, 26쪽.]

하는 것이 아니라 급진화를 요구하는 것으로 읽을 수 있다는 것이다. 이 시위들은 더 나은, 더 포괄적인 형태의 대의를 요구한다. '목소리'에 대한 이 시위들의 욕망을 충족시키려면, 시민들에게 실재적인 대안들을 제공해줄 경합적 대결의 조건을 창출하기 위해 현존하는 대의 제도를 변환시키고 새로운 제도를 설립해야 한다. 이런 대결을 위해서는 중도 좌파 정당들을 지배하고 있는 사회자유주의적 합의의 대안을 제공할 수 있는 진정한 좌파의 출현이 요구되는 것이다.

나는 이런 접근법의 예시로 그리스의 사례를 들 수 있다고 생각한다. 최근 그리스에서는 일련의 급진적 개혁을 실현하기 위해 선거를 통한 집권을 목표하는 여러 좌파 정당들의 연합체인 시리자의 주도로 대중이 동원되고 있다. 명백히 그들의 목표는 자유민주주의 제도들을 소멸시키는 것이 아니라 대중적 요구의 표출 수단이 되도록 그 제도들을 변환시키는 것이다.

프랑스의 상황 역시 흥미로운 고찰 거리들을 제공한다. 곧잘 지적되어왔듯이, 유럽의 다른 여러 국가들과는 달리 프랑스에서는 점거 운동이 거의 존재하지 않았다. 일부 사람들은 프랑스에서는 다른 국가들에서처럼 [정부에 의한] 긴축 조치가 극단적으로 이뤄지지 않았고 실업 수준도 높지 않았다는 사실을 들어 소위 이런 예외성을 설명하려고 애썼다. 그렇다면 경제적 여건이 더 나은 독일에서는 왜 점거 운동의 노숙 캠프들이 보였던 것일까?

경제적 설명을 기대하다 보면 더 깊은 원인, 즉 정치적 원인을 놓치게 된다. 프랑스인들에게 시위를 할 만한 심각한 이유가 없다고 말하려는 것은 아니다. 다만 그들 대부분은 자신들의 요구를 표현하기에 주요 정치적 경로들이 여전히 유용하다고 믿는 듯하다. 의심할 바

없이, 프랑스에서도 중도 우파 정당들과 중도 좌파 정당들 간의 중도적 합의가 이미 자리를 잡고 있지만, 정치에는 상황을 변화시키는 힘이 있다는 믿음이 다른 유럽 국가들에서처럼 약화되지는 않았다. 사회당 내의 좌파와 더 급진적 의제를 지닌 여러 다른 그룹들이 존재했기 때문이다. 예를 들어 2012년 대통령 선거 당시 좌파전선([프랑스공산당을 비롯한] 여러 좌파 집단의 연합체)의 후보자 장-뤽 멜랑숑이 젊은 층들을 동원해낸 능력은 주목할 만하다. 다른 나라에서라면 점거 운동의 노숙 캠프에서 보던가, 정치 참여에 회의적인 채로 있었을 많은 젊은이들이 좌파전선의 강령 속에 자신들의 요구가 자리할 장소가 있다고 느낀 것이다. 이 젊은이들은 '시민 혁명'을 위한 멜랑숑의 선거 운동에 대단히 열정적으로 참여했다.

프랑스의 상황을 지나치게 낙관적으로 그리고 싶지는 않다. 우리는 젊은이들이 경찰의 폭력 행위에 반발해 수일에 걸쳐 난동을 일으켰던 2005년 파리 근교에서의 폭동을 잊지 말아야 한다* 젊은이들은 차량에 불을 지르고 학교와 스포츠 센터를 포함한 공공 건물을 파괴했다. 몇몇 전문가들은 즉시 이 사건을 종교적 또는 인종적 측면에서 규정하려고 했다. 무슬림 이민자들이 프랑스 사회와 가치에 대한 거부를 표출한 것이라고 결론내리면서 말이다. 하지만 이후의 경험적 연구들을 통해 폭동 참가자들의 출생 성분이 매우 다양하다는 점이 밝혀졌는데, 그들의 유일하게 공통된 특징은 젊다는 점, 그리고 자신에게 미래가 없음을 확신하고 있는 실업자라는 사실뿐이었다.

---

* 이 사건에 대한 자세한 논의로는 다음을 참조하라. 이기라·양창렬 엮음, 『공존의 기술: 방리유, 프랑스 공화주의의 이면』, 그린비, 2007.

많은 관찰자들은 이 젊은이들의 반란이 어떤 특정한 주장도 없이 순전히 맹목적으로 폭력을 표출한 것처럼 보였다는 사실에 놀랐다. 폭동 참가자들은 정치를 거의 신뢰하지 않았으며, 따라서 어떤 요구조차도 정식화하지 않았다. 내가 생각하기에, 이 점은 자신들의 분노를 정치적으로 명확히 표현하기 위해 사용할 수 있는 담론이 이 젊은이들에게 전혀 없었다는 사실에 의해 설명될 수 있다. 이 젊은이들의 분노는 오직 폭력을 통해서만 표출될 수 있었던 것이다.

2008년 12월 그리스에서도 이와 유사한 사건이 발생했다. 일군의 젊은이들이 며칠간 폭동을 일으켰는데, 이 폭동은 아테네의 [구 시가지에 위치한] 엑사르키아 대안 지구에서 시작됐다. 이 역시 경찰의 폭력에 반발해 일어났고, 다른 여러 도시들로 빠르게 번져나갔다. 여기에서도 정치적 요구는 없었고, 오직 폭력만이 존재했다.*

경합적 시각에서 검토해보면, 이런 사건들은 내가 수차례 주장해왔듯이, 적대를 경합적 방식으로 표출할 수 있는 제도적 경로가 존재하지 않을 경우에 이 적대는 폭력으로 폭발하기 쉽다는 사실을 확인해준다. 물론 젊은이들이 민주주의 체제에서 자신들이 방치되고 있다는 감정을 드러낼 수 있는 방법이 유일하게 폭력만 있는 것은 아니다. 다행히도 점거 운동의 참여자들이 보여주듯이, 민주주의 체제에 대한 거부는 민주주의의 강화를 암시하는 다른 형태를 취할 수

---

* 2008년 12월 6일 그리스 아테네에서 16세 소년 알렉산드로스 그리요로풀로스가 경찰의 총에 맞아 사망한 뒤 시작된 일련의 시위를 말한다. 이 시위는 3일 만에 전국으로 확산되어 폭동을 동반한 반정부 시위로 확대됐다. 사태가 이렇게 된 표면적 원인으로는 흔히 당시의 경제 위기, 이와 연관된 심각한 청년 실업, 정치인들의 부패가 지목되고 있다.

도 있다. 하지만 [프랑스와 그리스의] 두 경우에서 교훈은 동일하다. 작금의 대의 체제에서 자신들의 이해관계가 전혀 고려되고 있지 않는 젊은 층이 존재한다는 점, 지금이야말로 이 젊은이들이 자유민주주의의 틀 안에서 자신들의 요구를 정치적으로 명확히 표현할 수 있는 공간을 발견할 절호의 기회라는 점이다. 바로 이것이 프랑스의 좌파전선과 그리스의 시리자가 이미 시도하고 있는 일이며, 사람들은 2005년과 2008년에 일어났던 것 같은 사건이 이들 나라에서 다시는 일어나지 않기를 바라고 있는 것이다.

물론 문제는 젊은이들에게 국한되지 않는다. 전통적인 민주주의 정당들에 의해 자신들의 이해관계가 무시되고 있는 중요한 대중적 분야가 또한 존재한다. 이전 글들에서 나는 우파 대중주의 정당들의 성장을 면밀히 검토하면서, 이 정당들의 성공은 흔히 이들이 노동계급 사람들의 관심사를 다루는 유일한 정당이라는 사실에 크게 기인한다는 점을 논의한 바 있다.** 사회주의 정당들은 중도로 이동해가면서, 자신들이 보기에 '구태적'이며 '퇴행적'인 요구를 하고 있는 노동계급 사람들을 저버렸다. 이제 사회주의 정당들은 스스로를 중간계급의 이해관계를 대표하는 데 국한시킨다.

말할 것도 없이, 바로 이것이 프랑스에서 마린 르 펜이 성공하고 오늘날 많은 프랑스 노동자들이 국민전선에 투표하고 있는 상황을 설명해준다. 멜랑숑이 문제를 파악하고 있고 좌파전선이 국민 투표에서의 승리 탈환에 착수했으니, 이런 상황이 변하기를 바란다.

** 이에 대해서는 다음의 글을 참조하라. Chantal Mouffe, "Current Challenges to the Post-political Vision"(Ch.4), *On the Political*, London: Routledge, 2005.

멜랑숑과 시리자의 대표인 알렉시스 치프라스는 흔히 '대중주의적'이라고 비난받는다. [그렇지만] 이것은 비판의 근거가 되기는커녕, 하나의 덕목으로 여겨져야 한다. 좌파 대중 운동의 목표는 진보적인 '집합적 의지'를 불러오기 위해, [대중의] 열정을 동원함으로써 '인민'을 구축하는 것이어야 한다. 물론 '인민'은 상이한 방식들로 구축될 수 있으며, 그런 방식들 중 어떤 것은 좌파적 기획과 양립하기 어렵다. 모든 것은 대결자를 어떻게 규정하느냐에 달려 있다. 우파 대중주의에서 대결자는 이주자나 무슬림과 동일시되지만, 좌파 대중주의 운동은 신자유주의적 헤게모니를 지탱하는 세력들을 [재]배치시켜 대결자를 구성해야 한다.

민주주의냐 대의냐?

최근의 시위들을 어떻게 해석하느냐를 둘러싼 논쟁의 중심에는 민주주의의 본질과 대의의 역할에 관한 매우 오래된 논쟁이 자리하고 있다. 두 가지 입장이 서로 대립하는데, 하나는 대의 민주주의를 모순어법으로 보고 '진정한' 민주주의는 직접 민주주의이거나 심지어 '현재주의적' 민주주의여야 한다고 주장한다. 다른 하나는 대의가 민주주의와 모순되기는커녕 바로 민주주의의 조건들 중 하나라고 주장한다. 나는 이전 작업에서 바로 이 쟁점을 검토한 바 있는데, 작금의 논란에서 문제가 되는 것을 명확히 하기 위해 그때의 논의 일부로 되돌아가보는 것이 유용할 수도 있겠다.

『민주주의의 역설』(2000)에서 나는 서구의 자유민주주의가 두 가지 전통, 즉 자유와 다원주의를 강조하는 자유주의와, 평등과 인민 주권을 상정하는 민주주의의 절합이라 주장했다. 이 두 전통은 모두 중요한 강점을 갖고 있지만 궁극적으로 양립할 수 없고, 자유민주주의의 역사는 자유에 대한 요구와 평등에 대한 요구 사이의 긴장에 의해 추동되어왔다. 신자유주의적 헤게모니 아래에서는 자유주의의 구성요소가 지배적이 되면서 민주주의의 가치가 제거되는 일이 일어났다. 이전에 이룩했던 몇몇 민주주의적 진전이 폐기됐고, '현대화'라는 구호 아래 민주주의의 핵심 가치들은 '낡은' 것으로 묵살됐다.

사회민주주의의 심각한 결함들을 과소평가하지 않는다 해도, 신자유주의적 헤게모니 아래에서 상황이 급속하게 악화된 것만은 분명하다. 평등이라는 민주주의의 가치는 옆으로 밀려났으며, '제3의 길'이라는 담론에서의 '선택'과 사회자유주의의 화신들이 그 자리를 편의적으로 차지해버렸다. 그렇게나 많은 중도 좌파 정당들이, '탈민주주의적'이라 묘사되는 것이 당연한 그 상황에 스스로를 이미 적응시킬 준비가 되어 있다는 것은 정말 유감스런 일이다.

그렇지만 대안은 존재하며, 작금의 상황을 자유주의와 민주주의를 절합하는 최종적인 방법으로 받아들여서는 안 된다. 지난 10년간 남미의 진보 정권들이 겪어온 경험은 신자유주의에 도전하는 것이 가능하며, 자유주의적 대의 제도들을 단념하지 않고도 민주주의적 가치의 우선성을 재확립하는 것이 가능하다는 것을 증명해준다. 또한 국가가 민주주의적 진전에 걸림돌이기는커녕 사실상 대중의 요구들을 조성하는 주요 수단일 수 있음을 보여준다.

최근 유럽과 미국에서 일어난 '시민의 각성'은 탈정치적 합의와 단절하는 것이기에 매우 고무적이다. 금기는 깨져왔고, 이제 우리 사회에 존재하는 불평등에 이의를 제기하는 많은 목소리가 들려오고 있다. 그러나 신자유주의적 헤게모니에 효과적으로 도전하려면, 이

분출된 모든 에너지가 잘못된 방향으로 경로를 돌리지 않도록 만드는 것이 결정적이다. 내가 우려하는 것은, 대의 제도들이 시위의 주된 목표가 된다면 바로 이런 일이 일어날 수 있다는 점이다. 작금의 자유민주주의 형태 속에서 대의 제도들이 위기에 처해 있다는 사실을 부인하지는 않지만, 나는 '비대의적' 민주주의의 수립에 [이 위기에 대한] 해법이 있다거나, 의회 밖에서의 투쟁만이 민주주의를 진전시키는 유일한 수단이라고는 믿지 않는다.

[일체의 대의 제도를 거부하는] 이런 관점이 유행하는 까닭은 그것이 좌파의 일각에서 유행하는 관념, 즉 권력을 장악해 국가가 되는 것을 피하면서 다중은 스스로를 자율적으로 조직할 수 있다는 관념과 유사하기 때문이다. 다양한 '분노한 사람들'의 운동에 참여한 활동가들 사이에서 이처럼 반정치적인 접근법이 발견되는 것은 우려스럽다. 왜냐하면 이런 접근법은 그들의 투쟁에 적절한 전략을 고안할 가능성을 배제하기 때문이다. 만일 대의를 문제라고 본다면, 더 대의하고 더 책임지게 만들기 위해 기존의 제도들에 개입하는 것에 목표를 둘 수 없게 되고 그 제도들을 모조리 폐기하는 것에 목표를 두게 될 것이다. 그리고 운동의 목적은 기존의 민주주의 형태로부터 '탈출하는 것으로 그려질 것이다. 현존하는 제도를 변환하려는 시도는 부질없으며, 대의 민주주의를 단념해야만 한다는 이유로 말이다.

대의를 거부하는 사람들 중 많은 이들은 대의 민주주의를 작금의 '탈민주주의적' 형태와 동일시하며, 의회 체제의 실질적인 작동과도 동일시한다. 그토록 수많은 목소리가 대의에서 배제되고 있다면, 문제는 바로 그 순간에 대의 제도들이 기능하는 방식과 관련 있다는 것을 그들은 보지 못하고 있는 것이다.

우리가 도전해야 할 것은 시민들에게 제공되는 대안의 부재이지, 대의제라는 이상 자체가 아니다. 다원주의적 민주주의 사회는 대의 없이 존재할 수 없다. 우선 반본질주의적 접근법이 밝힌 바처럼, 동일성은 절대로 미리 주어지지 않으며 항상 담론적 구축을 통해 생산된다. 이 구축의 과정**은** 대의의 과정이다. 집합적인 정치적 주체는 대의를 통해 창출되지, 그 전에 미리 존재하지 않는다. 그러므로 모든 정치적 동일성은 대의의 과정 밖이 아니라 그 안에서 행사된다.

둘째로, 조화로운 형태, 반정치적인 형태로 다원주의를 구상하지 않고 적대의 항상-현존하는 가능성을 고려하는 민주주의 사회에서는, 대의 제도들이 **데모스**의 분할에 형태를 부여함으로써 이 갈등적 차원을 제도화하는 데 결정적 역할을 한다. 하지만 그런 역할은 경합적 대결의 유용성을 통해서만 완수될 수 있다. 만일 그렇지 않으면, 실재적인 대안들 중 선택을 제공할 수 없게 된 선거 제도는 현존하는 헤게모니를 견고하게 만드는 데만 쓰일 뿐이다. 바로 이런 경합적 대결의 부재가 현재 우리가 안고 있는 탈정치적 모델의 핵심 문제인 것이다. 이 문제는 정치적인 것의 순간을 회피하는 '수평주의적' 실천들로는 해결될 수 없다.

여기서 분명히 하고 싶은 것이 있는데, 내가 '수평주의'를 비판한다고 해서 그런 실천들이 경합적 민주주의에서 아무런 역할을 하지 못한다는 의미는 아니다. 나는 의회 밖의 다양한 투쟁과 전통적인 제도 외부에 존재하는 다층적인 형태의 행동주의가 민주주의를 강화하는 데 매우 소중하다고 확신한다. 그런 투쟁과 행동주의는 중요한 문제를 제기하고 등한시되던 쟁점을 전면화할 수 있을 뿐만 아니라, 새로운 주체성의 출현을 이끌고 상이한 사회적 관계들을 함양할 지형을 제공할 수도 있다. 게다가 5장에서 논의했듯이, 이런 유형의 행동주의는 비판적인 예술적 실천이 경합적인 개입 양식을 발전시킬 수 있는 많은 가능성을 제공해준다. '예술행동주의적' 실천은 이런 운동들이 제공해주는 공적 공간 안에서 활약을 펼치며, 경합적 정치의 유의미한 차원을 구성한다.

그러나 내가 주장하는 바는, 이런 실천들이 대의 제도들의 **대체물**을 제공할 수는 없으며, 상이한 형태의 개입들 사이에서 시너지 효과를 일으킬 필요가 있다는 점이다. 의회 밖의 투쟁을 의회에서의 투쟁과 대립시킴으로써 공동으로 행동할 수 있는 가능성을 회피하는 대신, 신자유주의에 맞서는 대항헤게모니적 공격을 함께 개시하는 것이 목표가 되어야 한다. 만일 저항 운동들이 전통적인 경로는 본질적으로 민주주의적 변환에 무디다고 생각하면서 이와 동맹하기를 거부한다면, 그 운동들의 급진적 잠재력은 급격히 약화될 것이다.

놀랍게도 점거 운동의 일부 활동가들은 여전히 2001년 아르헨티나에서 있었던 '수평주의적' 경험*을 찬양하면서, 그 경험을 우리가 따라야 할 모델로 제시한다. 이들은 지난 10년 간 그곳뿐만 아니라 다른 남미 국가들에서 일어난 민주주의적 진전들이 의회 밖의 투쟁과 의회에서의 투쟁을 결합시킨 절합 덕분에 가능했다는 사실을 깨닫지 못하는 듯하다. 이런 민주주의적 진전이야말로 유럽 좌파들이 교훈을 얻을 수 있는 경험이며, 지금이 바로 자발주의와 수평주의를 더 이상 낭만화하지 않을 절호의 기회이다.

---

* 2001년에 페르난도 데 라 루아 정권을 퇴출시킨 대중 시위(피케테로스 운동)를 말한다. 이 책의 4장을 참조하라.

만일 이런 운동에 참여하는 활동가들이 이탈 전략을 실행하지 않고, 기꺼이 진보적인 '집합적 의지'의 일부가 되어 민주주의적 제도들을 급진화하고 새로운 헤게모니를 확립하는 '진지전'에 개입한다면, 오늘날 다방면에서 들려오는 민주주의에 대한 요구는 지속적으로 효과를 거둘 수 있을 것이다.

부록

샹탈 무페와의 대담[1)]

Interview with Chantal Mouffe

1) 이 대담은 다음의 논문 모음집에 처음으로 수록됐다. Chantal Mouffe, "Und jetzt, Frau Mouffe?: Chantal Mouffe im Gespräch mit Elke Wagner," *Und jetzt?: Politik, Protest und Propaganda*, Hg. Heinrich Geiselberger, Frankfurt am Main: Suhrkamp, 2007, pp.105~127. 이 대담은 2007년 런던에서 엘케 바그너와 나눈 것이다. [바그너(1977~)는 독일의 뷔르츠부르크대학교 정치과학·사회학과 교수로서, 주로 경험적 사회연구의 질적 방법론을 가르치고 있다.]

바그너 당신이 에르네스토 라클라우와 공저한 『헤게모니와 사회주의 전략』[2]은 여러 언어들로 번역됐고 신사회운동 이론에 지대한 영향을 끼쳤습니다. 그 책에서 당신들은 정치적인 것의 성격에 대한 동시대적 논쟁에 개입하기 위해 맑스주의 이론을 재정식화하려고 시도합니다. 그 책의 발단과 기본 착상에 대해 좀 자세히 설명해 줄 수 있을까요? 특히 거기에서 헤게모니 개념은 어떤 역할을 하는지요?

무페 1985년 버소출판사에서 출간된 『헤게모니와 사회주의 전략』을 쓸 당시, 우리에게는 두 가지의 주된 목적이 있었습니다. 하나는 정치적 목적이었고, 다른 하나는 이론적 목적이었지요. 정치적 목적이란 공산주의와 사회민주주의 양쪽에서 좌파적 사유가 겪고 있던 위기를 해명하기 위해 사회주의 기획을 재정식화하는 것이었습니다. 우리가 볼 때 이 위기는 부분적으로, 1960년대 이후에 출현했고 맑스주의나 사회민주주의가 파악할 수 없는 특수성을 지닌 신사회운동이 점점 중요해지면서 비롯된 것입니다. 그러므로 우리의 이론적

---

2) Ernesto Laclau and Chantal Mouffe, *Hegemony and Socialist Strategy: Towards a Radical Democratic*, 2nd ed., London/New York: Verso, 2001. [이승원 옮김, 『헤게모니와 사회주의 전략: 급진 민주주의 정치를 향하여』, 후마니타스, 2012.]

목표는 계급에 기반을 두지 않는, 따라서 경제적 착취의 측면만으로는 파악될 수 없는 운동들의 특수성을 조명해줄 접근법을 발전시키는 것이었습니다. 그러려면 정치적인 것의 이론을 정교화하는 것이 필요하다고 확신했지요. 우리는 상이한 두 개의 이론적 접근법을 결합해 그런 이론을 제공하려고 했습니다. 자크 데리다, 자크 라캉, 미셸 푸코에 의해 대변되는, 그뿐만 아니라 미국의 실용주의와 루트비히 비트겐슈타인에 의해서도 대변되는, 포스트구조주의에서 발견되는 본질주의에 대한 비판이 그 하나였습니다. 다른 하나는 안토니오 그람시의 헤게모니 개념으로부터 얻은 몇몇 중요한 통찰이었습니다. [우리의] 이 이론적 접근법은 때로는 포스트맑스주의라 불리기도 했는데, '담론 이론'이라고도 알려지게 됩니다.

바그너 당신들이 제시한 접근법의 주요 개념은 무엇인가요?

무페 우리의 접근법에는 두 개의 주요 범주가 있는데, 첫째는 '적대' 개념이고, 둘째는 '헤게모니' 개념입니다. 적대는 우리의 사유에서 절대적으로 중심적인 개념입니다. 왜냐하면 우리는 이 개념을 통해 부정성은 구성적이며 결코 극복될 수 없다고 단언하기 때문입니다. 또한 적대의 관념은 합리적 해결책이 전혀 없는 갈등들이 존재함을 보여줍니다. 이 점은 자유주의와는 매우 다르게 다원주의를 이해하는 방식이 있음을 암시해줍니다. 프리드리히 니체나 막스 베버의 다원주의처럼, 이런 다원주의는 모든 견해가 최종적으로 화해하는 것은 불가능하다는 점을 시사해주는 것이지요. 훗날 『민주주의의 역설』(2000)에서 저는 인간의 공존을 조직하려는 목표를 지닌 여러 가지 실천을 가리키는 '정치'와 구별하기 위해, 바로 이처럼 근절 불가능한 적대의 차원을 '정치적인 것'이라 부르자고 제안했습니다.[3] 두 번째로 중요한 개념은 '헤게모니'입니다. 적대와 헤게모니는 라클라우와 제가 정치적인 것의 이론을 정교화하는 데 필요한 두 개의 중심 개념이지요. 이 두 개념은 다음과 같은 식으로 결부되어 있습니다. 정치적인 것, 그리고 적대의 항상-현존하는 가능성을 사유하려면, 최종 토대가 존재하지 않음을 받아들이고 모든 질서에 만연한 결정 불가능성과 우발성의 차원을 인정할 필요가 있습니다. 우리의 용어로 말하면, 이것은 또한 모든 종류의 사회 질서에는 헤게모니적 성격이 있음을 단언한다는 뜻입니다. 헤게모니를 말한다는 것은 모든 사회 질서가 궁극적인 합리적 토대를 결여한 권력 관계들의 우연한 절합이라는 뜻입니다. 사회는 언제나 우연한 맥락에서 어떤 질서를 창출하려는 일련의 실천이 낳은 산물입니다. 바로 이것이 우리가 '헤게모니적 실천'이라 부르는 것입니다. 사태는 언제든 달라질 수 있었지요. 모든 질서는 다른 가능성의 배제에 근거합니다. 특정한 질서는 언제나 권력 관계들의 특정한 배치의 표현입니다. 모든 질서가 정치적이라는 것은 바로 이런 의미에서입니다. 주어진 질서는 그 질서에 형태를 부여하는 권력 관계 없이는 존재할 수 없습니다. 이런 이론적 주장은 현실 정치에 결정적 함의를 갖습니다. 오늘날 신자유주의적 세계화는 받아들일 수밖에 없는 운명이라고들 흔히 말하지요. 마가렛 대처가 "대안은 없다"라고 몇 번이나 공언했는지 기억하시나요? 불행히도 많은 사회민주주의자들이 이런 관점을 수용했으며, 자신들이 할

---

3) Chantal Mouffe, *The Democratic Paradox*, London: Verso, 2000. [이행 옮김, 『민주주의의 역설』, 인간사랑, 2006.]

수 있는 유일한 일은 이른바 자연적 질서라는 이 세계화를 더 인간적인 방식으로 관리하는 것이라고 믿었습니다. 그러나 우리의 접근법에 따르면, 분명히 모든 질서는 주어진 권력 관계들의 헤게모니적 배치에서 기인한 정치적 질서입니다. 세계화의 현재 상태는 '자연적'이기는커녕 신자유주의적 헤게모니의 결과이며, 특정한 권력 관계들을 통해 구조화된 것입니다. 이것은 곧 세계화의 현재 상태는 도전받아 변환될 수 있으며 실제로 그 대안을 구할 수 있다는 뜻입니다. 당신도 알 수 있듯이, 헤게모니적 배치라는 이 개념은 정치에서 어떻게 행동할지를 구상하는 데 결정적입니다. 이 개념은 사태를 언제나 정치적으로 변환시킬 수 있다는 것을, 사태를 변환시키기 위해 언제나 권력 관계들에 개입할 수 있다는 것을 보여줍니다.

바그너 오늘날 헤게모니적 권력 관계의 대안들을 구상하는 데 그런 접근법이 갖는 중요성은 무엇일까요?

무페 우선 중요한 것은, 그것이 생산력이든 역사의 법칙이든 정신의 발전이든, 객관적 힘들이 발전된 결과로 자연적 질서가 존재한다는 생각 자체에 의문을 제기하는 것입니다. 대안세계화 운동의 구호를 사용해본다면, 우리는 "다른 세상은 가능하다!"라고 단언할 수 있습니다. 실제로 우리의 접근법에 의하면, 다른 세상은 언제나 가능하며, 사태가 바뀔 수 없다는 관념을 결코 받아들여서는 안 됩니다. 지배적 헤게모니에 의해 배제되어왔지만 실현될 수 있는 대안들은 항상 존재합니다. 헤게모니 이론은 바로 이 점을 이해하는 데 도움이 됩니다. 모든 헤게모니적 질서는, 현존하는 질서를 탈구시켜 다른 형태의 헤게모니를 수립하려고 하는 대항헤게모니적 실천들에 의해 도전받을 수 있습니다. 분명히 아실 텐데, 이런 테제는 우리가 해방적 정치의 목표를 구상하는 방식에 매우 중요한 함의를 지닙니다. 만일 정치 투쟁이 언제나 상이한 헤게모니적 실천들과 상이한 헤게모니적 기획들 간의 대결이라면, 이는 바로 완벽한 민주주의에 도달했기 때문에 그런 대결을 멈춰야 한다고 주장할 만한 지점이 전혀 존재하지 않는다는 것을 뜻합니다. 바로 그렇기 때문에 우리는 『헤게모니와 사회주의 전략』을 통해 '급진적이며 다원적인 민주주의'라는 측면에서 좌파의 기획을 재정식화한 것이고, 그런 재정식화를 끝이 없는 과정으로 구상해야 한다고 강조한 것이지요. 우리가 옹호하는 것은 현존하는 민주주의적 제도들의 급진화입니다. 자유와 평등의 원리가 수많은 사회적 관계들의 증가 속에서 효력을 발휘하도록 하기 위해 말이지요. 앞서 지적했듯이, 우리의 목표는 신사회운동의 요구를 고려하는 것이었습니다. 우리가 볼 때, 좌파가 맞닥뜨린 도전은 페미니스트, 반인종주의자, 게이 운동, 환경 운동 등이 제기한 새로운 요구를 계급의 측면에서 정식화된 [기존의] 요구들과 연결하는 식으로 절합하는 방법을 찾는 것이었습니다. 그런 점에서, 『헤게모니와 사회주의 전략』의 또 다른 주요 개념은 '등가 사슬'이었습니다. 몇몇 포스트모던 이론가들이 옹호하는 식의 완전한 분리에 맞서 우리는 이렇게 주장했습니다. 노동자들이 자신들의 요구를 규정할 때 흑인들, 이주자들, 페미니스트들의 요구도 고려할 수 있도록 하기 위해, 좌파가 그 모든 다양한 투쟁 사이에 등가 사슬을 수립하는 것이 필요하다고 말입니다. 물론 그러려면 페미니스트들도 자신들의 요구를 규정할 때 순전히 젠더 쟁점만을 중심으로 하지 말고, 민주주의적 투쟁들 사이에 폭넓은 등가 사슬을 창출하기 위해 다른 집단들의 요구를 고려할 필요가 있습니다. 이렇듯 우리는 민주주의의 급진화를 촉구하고 새로운 헤게모니를 수립하기 위해 모든 민주주의 세력의 집합적 의지를 창출하는 것이 좌파의 목적이어야 한다고 주장한 것이지요.

이런 급진 민주주의 기획의 또 다른 주요 차원도 강조해야겠습니다. 급진 민주주의는 서구의 선진 민주주의 사회에서 찾아볼 수 있는 다음과 같은 믿음과 단절해야 합니다. 더 공정한 사회로 가기 위해서는 자유민주주의 질서를 파괴하고 아예 처음부터 새로운 질서를 세울 수밖에 없다는 믿음 말이지요. 여기서 우리는 전통적인 레닌주의 혁명 모델을 비판하면서, 현대의 다원주의적 민주주의에서는 현존하는 제도들에 대한 내재적 비판을 통해 민주주의를 심도 깊게 진전시킬 수 있다고 단언한 바 있습니다. 우리가 보기에 현대 민주주의 사회의 문제는 그 사회의 자유와 평등이라는 그 윤리적-정치적 원리에 있는 것이 아니라, 그런 원리가 제대로 실행되지 않는다는 사실에 있습니다. 그러므로 현대 민주주의 사회에서 좌파의 전략은 그런 원리들이 실행될 수 있게 기능해야 하는데, 그렇게 하기 위해 근본적인 단절이 필요한 것은 아닙니다. 오히려 새로운 헤게모니의 창출을 이끄는, 그람시가 '진지전'이라 부른 것이 필요하지요.

바그너 오늘날 이 등가 사슬이 어떻게 실행될 수 있을까요? 노동조합이나 기성 정당들의 역할은 무엇일까요?

무페 민주주의를 급진화할 가능성에서만큼은, 불행하게도 오늘날의 상황이 우리가 책을 쓸 당시인 30년 전보다 훨씬 더 좋지 않습니다. 등가 사슬에 대한 요구는 여전히 좌파적 기획의 결정적 과제로 남아 있습니다만, 신자유주의에 의해 그 지형은 근본적으로 변환됐습니다. 1980년대 초만 해도 사회민주주의적 상식[공통감각/의미]은 여전히 널리 퍼져 있었지요. 우리는 사회민주주의 정당들의 결함을 비판하면서 민주주의 정치의 급진화를 주창했습니다만, 어느 누구도 사회민주주의가 일궈낸 진전들이 그렇게 쉽게 깨지리라고는 상상하지 못했습니다. 그 뒤로 사태는 급격하게 변해갔습니다. 로널드 레이건과 대처의 정치를 통해 신자유주의는 성공적으로 행진하기 시작했고, 그 이후 전 세계에 대대적으로 침투해 들어갔습니다. 영국에서 대처리즘은 사회민주주의 헤게모니를 몰아내고 오늘날에도 여전히 건재한 신자유주의적 헤게모니를 자리 잡게 만들었습니다. 우리는 지금, 충분히 민주적이지 않다고 일찍이 비판했던 복지 국가의 기본 제도들을 부득불 옹호할 수밖에 없는 상황에 처한 우리 자신을 보고 있습니다. 최근에는 민주주의적 질서의 근간을 구성하는 시민권조차 이른바 '테러리즘과의 전쟁'으로 인해 공격을 받고 있습니다. 민주주의의 급진화를 위한 투쟁은커녕, 근본적인 민주주의 제도들이 더 파괴되지 않도록 맞서 싸울 것을 강요받고 있는 셈입니다. 그렇다면 무엇을 할 수 있을까요? 제 관점에서는 모든 진보 세력들의 [공통] 전선을 수립할 필요가 있습니다. 예를 들어 국제금융관세연대*나 세계사회포럼을 중심으로 조직된 시민사회 운동들 모두가 진보 정당이

* Association pour la Taxation des Transactions financières et pour l'Action Cito-yenne. 1998년 프랑스의 시사주간지 『르몽드 디플로마티크』의 제안으로 결성된 반세계화·반신자유주의 운동 단체로 정식 명칭은 '금융거래 과세와 시민 행동을 위한 연합'이다(흔히 머리글자를 따서 '아탁'[ATTAC]으로 불린다). 국제 투기자본의 무분별한 자본 시장 왜곡을 막기 위해 단기 외환 거래에 세금을 부과하는 '토빈세'(Tobin Tax)의 도입을 주장한 것으로도 유명하다.

나 노동조합과 반드시 함께 일해야 합니다. 헤게모니 질서에 도전하는 데 필수적인 제도적 매개들을 수립하기 위해서는 광범위한 등가사슬이 필요합니다. 제가 우려하는 바는, 많은 사회 운동들이 기성의 정치 기관들과 함께 일하기를 꺼려하는 것입니다. 저는 대안세계화 운동에 관여해왔는데, 그 운동의 중요 부문들은 기성 조직들에 대해 극단적인 부정적 태도를 가지고 있습니다. 그들은 마이클 하트와 안토니오 네그리의 사유로부터 영향을 받았는데, 하트와 네그리는 자신들의 저서인 『제국』(2000)과 『다중』(2004)을 통해 시민사회 운동은 정치 제도들에 개입하는 것을 피해야 한다고 논의한 바 있지요. 하트와 네그리는 질 들뢰즈와 펠릭스 가타리가 '몰적'이라고 부르는 일체의 제도들을 '포획 기계'로 간주하며, 근본적인 투쟁은 미시정치의 '분자적' 수준에서 일어난다고 주장합니다. 하트와 네그리의 이와 같은 관점에 따르면, 제국의 모순 자체가 제국의 붕괴를 초래할 것이며 다중의 승리를 이끌 것입니다. 다른 용어를 사용하고는 있지만, 사실상 하트와 네그리는 제2인터내셔널의 [경제]결정론적 맑스주의를 재생산하고 있는 것이지요. 생산력의 모순이 제 스스로 자본주의의 붕괴와 사회주의의 승리를 가져올 것이라던 그 주장 말입니다. [그렇다면] 아무것도 할 필요가 없는 것입니다. 그저 자본주의의 종말을 기다리기만 하면 되는 것이지요. 물론 새로운 조건들에 맞춰져 있습니다만, [이들이 바라보는 오늘날의] 제국에 대한 관점도 이와 비슷합니다. 오늘날 [생산 과정에서] 중심적 역할을 하는 것은 비물질적 노동이며, 혁명적 행위자는 더 이상 프롤레타리아트가 아니라 다중이라는 것이지요. 그러나 이런 관점은 낡은 결정론적 접근 방식과 다를 바 없습니다. 상이한 운동들 간의 어떤 정치적 통합 형태를 수립할 필요가 있다는 생각을 하트와 네그리가 거부하는 이유가 바로 이 때문입니다. 하트와 네그리는 제가 결정적이라고 생각하는 정치적 질문, 즉 다중은 어떻게 정치적 주체가 되어가는가 라는 질문을 결코 제기하지 않습니다. 하트와 네그리는 운동들이 서로 다른 목적을 가지고 있음을 인식하고는 있지만, 이런 차이들을 어떻게 절합할 것인가와 같은 쟁점을 전혀 문제 삼지 않습니다. 사실상 하트와 네그리의 관점에서, 이 투쟁들이 더 급진적이고 각각의 투쟁이 제국의 실질적인 중심을 곧장 겨냥하는 까닭은 바로 이 투쟁들이 서로 수렴하지 않기 때문인 것입니다. 저는 이런 접근법이 대안세계화 운동 일부에 부정적인 영향을 끼쳤다고 생각합니다. 왜냐하면 이 접근법은 근본적인 정치적 쟁점, 즉 상이한 투쟁들 간의 등가 사슬을 창출하려면 어떻게 차이를 넘어 [이 운동들을] 조직할 것인가 하는 쟁점을 활동가들이 다루지 않고 기피하게끔 만들었기 때문입니다.

바그너 하트와 네그리의 접근법을 비판한 것 말고도, 당신은 최근의 작업에서 다양한 사회학자들과 정치사상가들이 발전시킨 정치적인 것에 대한 몇몇 중요한 이론을 비판적으로 살펴보면서 스스로의 입장을 선명하게 만들려고 시도해왔습니다. 이런 작업의 의미를 설명해주시겠습니까?

무페 『헤게모니와 사회주의 전략』을 쓰면서 정치적인 것의 영역에 대한 맑스주의의 결함을 지적한 이후에, 저는 자유주의 역시 정치적인 것의 이론을 가지고 있지 않기 때문에 그 안에서는 해결책을 발견할 수 없다는 점을 보여주고 싶었습니다. 바로 그런 이유에서 상이한 자유주의 모델들, 특히 당시에 가장 중요했던 존 롤스의 모델을 논의하기 시작했던 것입니다. 제가 보기에 자유주의 이론은 두 가지 이유 때문에 정치적인 것의 성격을 제대로 파악할 수 없었습니다. 첫째로 그 자체의 합리주의 때문이며, 둘째로 그 자체의 개인주의 때문입니다. 합리주의와 더불어, 이성을 통한 최종적 화해의 가능성에 대한 믿음은 적대의 항상-현존하는 가능성을 인정하지 못하게 방해합니다. 개인주의 역시 언제나 우리/그들의 관계라는 형태로 구축되는 집합적 동일성인, 정치적 동일성이 창출되는 양식을 파악하지 못하게 만듭니다. 더욱이 자유주의 이론을 지배하는 합리주의와 개인주의는 제가 '열정'이라 부르는 것, 즉 정치적 동일성을 창출하는 데 동원되는 정동적 차원이 정치에서 행하는 결정적 역할을 이해하지 못하게 만듭니다. 민족주의 문제를 예로 들어보지요. 분명컨대, 정서와 욕망의 동원을 통해 어떻게 집합적 동일성이 창출되는지를 파악하지 못한다면 민족주의의 중요성을 이해할 수 없습니다. 자유주의 사상이 언제나 민족주의의 상이한 발현을 그토록 받아들이기 어려워하는 이유가 물론 여기에 있지요. 자유주의자들에게 집합적 차원을 함의하는 모든 것은 낡은 것, 현대 사회에서는 더 이상 존재하면 안 되는 비이성적인 무엇으로 간주됩니다. 이런 이론적 전제들을 감안한다면, 자유주의자들이 정치적인 것의 동학을 보지 못하는 채로 있는 것이 놀랄 만한 일은 아닙니다.

바그너 그렇다면 바로 이런 맥락에서 칼 슈미트의 작업에 관심을 갖기 시작한 것인가요?

무페 네, 그렇습니다. 제가 느끼기에 슈미트의 자유주의 비판은 정말 강력했습니다. 1920년대에 슈미트가 자신의 책 『정치적인 것의 개념』*에서 제시한 자유주의 비판이, 그 이후에 발전한 자유주의 사상에도 얼마나 적절한지를 깨닫고 좀 놀랐습니다. 슈미트는 자유주의가 정치적인 것을 파악할 수 없으며, 정치적인 것에 대해 말하려고 할 경우에도 경제학이나 윤리학에서 빌려온 용어를 사용한다고 주장합니다. 이런 주장은 오늘날의 정치 이론을 지배하고 있는 민주주의 정치의 두 가지 주요 모델, 즉 한편으로 선호집합 모델, 다른 한편으로 심의 모델에 완벽하게 들어맞습니다. 선호집합 모델은 주로 경제 용어를 가지고 정치 영역을 구상합니다. 바로 이 모델에 반발해 롤스와 위르겐 하버마스가 각자의 대안적인 심의 민주주의 모델을 발전시킨 것이지요. 그러나 심의 모델은 윤리적 또는 도덕적 접근법을 사용해 정치를 사유하며, 정치적인 것의 이론을 제공하지도 않습니다. 그렇다 하더라도 제가 강조하고 싶은 것은, 자유주의의 결함에 대한 슈미트의 비판에는 동의하지만 제 목표는 슈미트의 목표와는 아주 다르다는 점입니다. 자유주의는 민주주의를 부정하며 민주주의는 자유주의를 부정한다고 확신하기 때문에 슈미트는 다원주의적 자유민주주의를 실행 불가능한 체제로 보지만, 제 작업의 핵심적 측면은 정치적[인 것의] 차원을 재도입하는 다원주의적 민주주의를 이해시키는 것이었습니다. 바로 그런 이유에서 슈미트는 제게 진정한 도전이며, 제 글들 중 한 편의 제목이 시사해주듯이 제가 "슈미트와 함께 슈미트에 맞서" 사유하고 있는 것입니다.** 슈미트에 대한 제 응답이

* 1932년에 단행본으로 출간된 이 책은 1927년에 발표된 동명의 논문을 확대·수정한 것이다. Carl Schmitt, "Der Begriff des Politischen," *Archiv für Sozialwissenschaft und Sozialpolitik*, Bd.58, Heft 1, September 1927, pp.1~33. [김효전·정태호 옮김, 『정치적인 것의 개념』, 살림, 2012.]

바로 적대와 경합이 구별되는 경합적 민주주의 모델입니다. 제가 논의를 진행한 방식은 이렇습니다. 저는 슈미트와 함께 정치적인 것의 적대적 차원, 즉 합리적으로 해결될 수 없는 갈등의 영구성을 인정하면서 출발합니다. 친구/적의 관계는 변증법적으로 극복될 수 없는 부정과 관련됩니다. 그렇지만 이런 적대적 갈등은 상이한 형태를 취할 수 있습니다. 적대적 갈등은 우리가 진정한 적대antagonism proper라 부를 수 있는 형태, 즉 슈미트적인 친구와 적의 형태로 자신을 표현할 수 있습니다. 물론 여기서, 그런 적대는 정치적 연합을 파괴할 것이기 때문에 정치 사회에 수용될 수 없다는 슈미트의 말은 옳습니다. 하지만 적대적 갈등은 다른 방식으로, 즉 제가 말하는 '경합'으로 표현될 수도 있습니다. 그 차이는 다음과 같습니다. 경합의 경우에 우리가 마주하고 있는 것은 친구/적의 관계가 아니라, 자신들의 대립 진영이 요구를 갖는 것의 정당성을 인정하는 대결자들 중 하나입니다. 대결자들은 자신들의 갈등에 대한 합리적 해결책이 결코 존재하지 않음을 알고 있지만, 그럼에도 불구하고 이런 갈등이 조절될 것이라는 점에 부응해 일련의 규칙을 받아들입니다. 말하자면, 대결자들 사이에는 갈등적 합의가 존재하는 것이지요. 즉, 대결자들은 자신들의 정치적 연합을 조직하는 윤리-정치적 원칙들에는 동의하지만, 이 원칙들을 해석하는 데서는 서로 의견을 달리합니다. 이처럼 진정한 적대와 경합을 구별함으로써, 적대의 근절 불가능성을 단언하면서도

** Chantal Mouffe, "Introduction: Schmitt's Challenge," *The Challenge of Carl Schmitt*, London: Verso, 1999, pp.1~6. [무페가 본문에서 언급한 "슈미트와 함께 슈미트에 맞서"(with Schmitt against Schmitt)라는 표현은 무페 자신의 글 제목이 아니라 이 논문의 맨 마지막 문장에 나오는 표현이다.]

이 근절 불가능성이 자동적으로 다원주의적 민주주의 질서에 대한 부정으로 이어지지 않게 하는 방법을 구상할 수 있습니다. 사실 저는 더 멀리 나아가지요. 저는 경합적 투쟁이 민주주의와 양립할 수 있을 뿐만 아니라, 다원주의적 민주주의 정치의 특수성을 구성하는 것이 이 경합적 투쟁이라고 단언합니다. 그리고 바로 이런 이유에서 민주주의의 경합 모델을 선호집합 모델과 심의 모델의 대안으로 제시하는 것입니다. 제가 보기에 경합 모델이 갖는 이점은 집합적 동일성의 창출에서 열정이 하는 역할을 인식함으로써 민주주의 정치의 동학을 더 잘 이해하게 해주는 것입니다. 즉, 분명하게 규정된 대안들을 중심으로 서로 다른 형태의 집합적 동일시를 제공해야 할 필요성을 인정하게 하는 것이지요.

바그너 울리히 벡과 앤서니 기든스가 정식화한 '범세계주의적 제2근대성'*** 개념과 당신의 작업을 어떻게 차별화하시겠습니까?

무페 제 경합 모델에 따른다면, 분명히 민주주의 정치는 당파적일 필요가 있습니다. 그렇기 때문에 저는 정치의 대립 모델은 무용지물이 됐고, 좌와 우를 넘어서 사유할 필요가 있다고 주장하는 벡과 기든

*** [cosmopolitan] second modernity. 1993년경부터 독일의 사회학자 울리히 벡이 정교화한 개념으로, 19세기의 산업화에 따른 근대성(제1근대성 또는 원래의 근대성)과 구별되는 새로운 근대성을 지칭한다. Ulrich Beck and Christoph Lau, "Second Modernity as a Research Agenda: Theoretical and Empirical Ex-plorations in the 'Meta-Change' of Modern Society," *The British Journal of Sociology*, vol.56, no.4, December 2005, pp.525~557. 한편, 벡과 기든스의 근대성에서 나타나는 '탈정치적 관점'에 대한 무페의 더 자세한 비판으로는 다음을 참조하라. Chantal Mouffe, "Beyond the Adversarial Model?"(Ch.3), *On the Political*, London: Routledge, 2005, pp.35~63.

스의 관점에 매우 비판적입니다. 제게 대립 모델은 민주주의 정치의 구성 요소입니다. 물론 우리는 좌/우 대립이 일종의 본질적 내용을 가지고 있다고 구상해서는 안 됩니다. [좌/우라는] 그 통념은 상이한 역사적 시기와 맥락에 따라 재규정될 필요가 있습니다. 좌/우의 구별에서 진짜 관건은 사회적 분할의 인식이며, 합리적 대화로 극복할 수 없는 적대적 갈등들의 존재입니다. 물론 최근 몇 년 동안 좌/우의 경계가 갈수록 흐려지는 경험을 우리가 겪고 있다는 사실을 부인하려는 것은 아닙니다. 그렇더라도 저는 벡과 기든스가 민주주의가 진보한 징조로 보는 이런 좌/우의 흐려짐을 필연적이지 않으며 반전될 수도 있는 진화라고 확신합니다. 제가 보기에 좌/우의 흐려짐은 민주주의 제도를 위태롭게 할 수 있기 때문에, 우리는 이에 저항할 필요가 있습니다. 중도 좌파와 중도 우파 민주주의 정당들 사이에 근본적인 차이가 소멸되면서 그 결과로 사람들은 정치에 흥미를 잃어가고 있습니다. 우려할 만한 투표율 하락이 이 점을 증명하지요. 그렇게 된 이유는 대부분의 사회민주주의 정당들이 너무 멀리 중도로 옮겨갔고, 그래서 현존하는 헤게모니 질서의 대안을 제공하지 못하고 있기 때문입니다. 사람들이 정치에 흥미를 잃는 것은 당연하지요. 활기찬[선명한] 민주주의 정당이라면 진정한 선택을 할 수 있는 가능성을 사람들에게 제공할 필요가 있습니다. 민주주의 정치는 당파적이어야 합니다. 시민들이 정치에 참여하려면 실재적인 대안이 관건임을 느껴야만 합니다. 민주주의 정당들에 대한 작금의 불만은 민주주의 정치에 상당히 좋지 않습니다. 몇몇 나라에서, 자신들이야말로 기성 정당으로부터 외면당한 사람들에게 대안과 목소리를 제공하는 데 관심을 갖는 유일한 정당이라고 자임하는 우파 대중주의 정당의 부상을 이끌어온 것이 바로 이런 불만이었지요. 2002년 프랑스의 대통령 선거 1차 경선에서 일어났던 일을 기억해보세요. 국민전선의 당수 장-마리 르 펜이 사회당의 리오넬 조스팽 후보를 탈락시키고 2차 경선에 올라갔잖습니까. 솔직히 저는 놀란 것이 아니라 충격을 받았습니다. 선거 유세 기간 동안에 줄곧 학생들과 이런 농담을 나눴습니다. [우파 드골주의자인] 자크 시라크와 조스팽의 차이는 정말이지 코카콜라와 펩시의 차이 같은 것이라고 말이지요. 실제로 조스팽은 자신의 프로그램이 사회주의적이지 않다고 줄기차게 주장했고, 그에 따라 많은 사람들은 1차 경선에서 조스팽에게 투표할 수가 없었습니다. 반면 [기성 정당들에] 불만을 품은 많은 유권자들은 르펜에게 투표할 동기를 얻었습니다. 그 자신의 성공적인 선동적 수사 덕분에, 그런 유권자들이 보기에는 [자신들에게] 무관심한 엘리트들과는 대조적으로 자신들을 동원해낸 르 펜에게 말이지요. 오늘날 존재하는 '중도적 합의'의 정치가 찬양받는 것은 대단히 우려스러운 일입니다. 그런 탈정치적 시대정신이 우파 대중주의가 부상하기에 유리한 지형을 창출하고 있음을 절감합니다.

바그너 당신은 좌와 우의 대립을 선과 악의 대립으로 대체함으로써 정치적인 것을 도덕화하는 경향이 나날이 커지는 것에 대해서도 주의를 환기시키고 있습니다. 이 점에 대해 설명해주시겠습니까?

무페 이 질문에 답변하기 전에, 좌/우 대립이 흐려지면서 생긴 또 따른 결과를 지적하고 싶습니다. 민주주의 정치가 집합적인 정치적 동일성을 확인할 수 있는 가능성을 제공하지 않는다면, 사람들은 집합적 동일시의 원천을 다른 데서 찾으려는 경향을 보이게 됩니다. 예를 들어 이런 경향은, 특히 무슬림 이민자들 사이에서 종교적 형태의 동일시가 점점 중요해지는 가운데 그 모습을 드러냈습니다. 프랑스의 많은 사회학적 연구들은 종교적 형태의 소속이 행하는 역할이 커지면서, 특히 비숙련 노동자들 사이에서, 공산당의 쇠락이 덩달아 일어났다는 사실을 보여주고 있습니다. 오늘날 종교는 정당을 대신해 공동체에 소속되려는 욕구를 실현시켜주고, '우리'라는 동일성을 제공해주고 있는 듯합니다. 또 다른 맥락에서는, 좌/우의 구별에 따른 정치적 동일성을 중심으로 이뤄지던 집합적 동일시가 결여될 경우 지역주의적 혹은 민족주의적 형태의 동일시가 그 자리를 대신할 수 있습니다. 제가 보기에 이런 현상은 민주주의에 좋지 않습니다. 그런 동일성들은 경합적 논쟁을 위한 지형을 제공할 수 없으니까요. 바로 이런 이유에서, 오늘날 개인주의가 너무나 만연해진 탓에 사람들이 집합적 형태의 동일시에 대한 욕구를 더 이상 느끼지 않는 단계에 이르렀다고 믿는 것은 심각한 오류라고 생각합니다. 우리/그들의 구별은 사회적 삶의 구성 요소이며, 민주주의 정치는 이런 구별을 정치적으로 구축하도록 하는 담론, 실천, 제도를 제공할 필요가 있습니다. 이것이 바로 다양한 시민권의 개념화가 해야 하는 역할입니다.

이제 정치의 도덕화에 대한 질문으로 넘어가보지요. 제가 지금껏 해오고 있는 주장은 이런 것입니다. 즉, 많은 사람들이 우리가 믿기를 바라는 것과는 달리, 좌와 우라는 측면에서 정치적 동일성을 구축하는 담론들이 약화됐다고 해서 우리/그들이라는 구별의 필요성이 소멸된 것은 아니라는 것이지요. 그런 구별은 여전히 생생하게 살아 있습니다. 하지만 오늘날 그 구별은 점점 더 도덕적 용어들을 통해 수립되고 있습니다. 옳고 그름의 구별이 좌와 우의 구별을 대체하고 있다고 할 수 있겠지요. 이 사실이 시사해주는 바는 이렇습니다. 우리는 여전히 정치의 대립 모델을 가지고 있긴 하지만, [예전과의] 주된 차이점은 오늘날에는 정치가 '우리, 선한 민주주의자들'과 '그들, 악한 민주주의자들'을 식별하는 선악의 어휘를 사용하면서, 도덕적 명부 안에서 벌어지고 있다는 것입니다. 예를 들어 우파 대중주의 정당들의 부상에 대한 반응에서 이런 모습을 볼 수 있는데, 제대로 된 정치적 형태의 투쟁을 하는 대신에 흔히 도덕적 비난을 합니다. '선한' 민주주의 정당들은 우파 정당들이 성공한 이유를 파악하려고 애쓰기는커녕, 흔히 자신들의 눈에 '갈색 역병'*처럼 보이는 것의 회귀를 막기 위해 '방역선'을 설치하라고 요구하는 데 스스로를 국한시켜왔습니다. 이런 정치의 도덕화를 보여주는 또 다른 예로는 미국의 조지 W. 부시 대통령이 문명화된 '우리'와 야만적인 '그들'을 대립시킨 경우가 있었습니다. 이런 방식으로 정치적 적대를 구축하는 것이 제가 '정치의 도덕화'라 부르는 것입니다. 우리는 최근 여러 상이한 지역에서 바로 그것이 작동하는 것을 볼 수 있습니다. 사회가 직면한 문제들을 정치적 방식으로 정식화하지 못하는 무능력, 이런 문제들의 정치적 해법을 구상하지 못하는 무능력이 점점 더 많은 쟁점을 도덕적 용어로 표현하게끔 만듭니다. 당연히 이것은 민주주의에 좋지 않습니다. 왜냐하면 정치적 방식이 아니라 도덕적 방식으로 대립 진영

---

* The brown plague. 제2차 세계대전 당시 나치 돌격대의 제복 색깔(갈색)에 빗대 나치즘을 일종의 전염성 높은 정치적 질병이라 암시했던 표현. 프랑스의 아나키스트인 다니엘 게랭(1904~1988)이 자신의 책 제목으로 써서 유명해졌다. Daniel Guérin, *La Peste brune a passé par là……À bicyclette à travers l'Allemagne hitlérienne*, Paris: Éditions L.D.T, 1933. 오늘날에는 (네오-)나치즘뿐만 아니라 파시즘이나 극우주의 운동을 지칭하는 데도 종종 사용된다.

이 규정된다면, 그 대립 진영은 대결자가 아니라 오직 적으로만 보일 수밖에 없으니까요. 악인 적과는 경합적 논쟁이 불가능합니다. 적은 제거되어야만 하는 것이지요.

바그너 정치적인 것을 도덕화하는 데 미디어는 어떤 역할을 합니까? 사건들의 도덕화는 미디어가 이야기[기사]를 전하는 전형적 방법은 아니지 않습니까? 최근 대부분의 정치적 투쟁들이 미디어 안에서 일어나거나 적어도 미디어에 의해 전달된다는 점이 정치적 투쟁의 성격 자체를 변환시키는 것은 아닐까요?

무페 물론 미디어는 중요한 역할을 합니다. 미디어는 정치적 주체성의 구축이 벌어지는 지형들 중 하나를 구성하니까요. 하지만 좌파가 정치적으로 행동하는 데 무능력한 것을 미디어 때문이라고 비난하면서, 미디어를 주범으로 보는 것은 오류라고 생각합니다. 미디어는 기본적으로 사회의 거울입니다. 만일 경합적 논쟁이 가능하다면, 미디어는 그 논쟁을 반영하겠지요. 신자유주의 세력이 다수의 미디어 출구를 장악하고 있다는 것은 의심할 바 없으며, 이것은 문제입니다. 그렇다고 미디어가 전지전능하지는 않습니다. 주류 미디어들이 유럽헌법 지지 캠페인을 벌였던 프랑스와 네덜란드에서 유럽헌법을 위한 국민투표 결과가 '반대'로 나온 일이 보여주듯이,* 미디어는 광범위한 대중 동원에 반하는 자신의 관점을 강제할 수는 없습니다. 또 다

* 2005년 5월 29일과 6월 1일, 프랑스와 네덜란드에서 각각 투표자의 54.68%와 61.54%의 반대로 '유럽헌법 제정 조약'의 비준이 부결됐다. 이런 부결 결과는 국민투표를 선택한 국가들 중 처음 있었던 일이며, 이후 예정된 다른 나라들의 국민투표도 연이어 취소됐다.

른 예로는, 미디어를 결정적으로 장악하고 있었는데도 선거에서 패한 이탈리아의 실비오 베를루스코니를 들 수 있습니다.** 미디어의 역할을 개탄하는 대신에, 좌파는 헤게모니 투쟁을 벌어야만 하는 장소로 미디어를 인식해야 합니다. 새로운 미디어가 발달하면서 사람들이 경합적 전략에 직접 개입하거나 그런 전략을 발전시킬 수 있는 많은 가능성이 존재합니다. 이 부분에 있어서, 저는 '예술적 행동주의'라 불리는 것의 경험으로부터 많은 것을 배울 수 있다고 확신합니다. 예컨대 1980년대의 미국에서는 액트업***에 결합한 많은 사람들이 사회적 비판을 조성하기 위해 마케팅과 광고 전략들을 사용하면서 에이즈 관련 캠페인에 참여했습니다. 바로 이들이 인종주의와 동성애 혐오처럼 에이즈와 연관된 정치적 문제들을 인식하게 만들고 거대 제약 회사들의 권력을 고발하는 캠페인을 조직하는 데 목표를 뒀던 비주얼 프로젝트의 기원이었지요. 이들의 전략은 커뮤니케이션의 지배적 형태를 전복적으로 재전유하는 것이었습니다. 예를 들어 뉴욕의 '그랑 퓨리'라는 집단은 광고의 미학을 활용해 매우 비판적인 내용의 이미지와 구호를 전파했습니다. 그들의 기획 중 하나

** 당시 총리 실비오 베를루스코니가 이끄는 우파 연합체 '자유의 집'(Casa della Liberta)이 중도 좌파 연합체인 '연맹'(L'Unione)에게 0.1%의 근소한 차이로 졌던 2006년 4월 9~10일의 이탈리아 총선을 말한다. 이탈리아 최대 미디어그룹인 미디어셋의 소유자인 베를루스코니는 당시 5년간 장기 집권 중이었고, 이탈리아의 공영방송 RAI 이사회의 2/3를 정부와 여당이 선임하도록 규정하는 내용의 '가스파리 법'(당시 통신장관 마우리지오 가스파리[Maurizio Gasparri, 1956~]의 제안으로 2003년 12월 2일 의회에서 통과된 법안)을 통해 전체 방송시장의 90%를 통제하고 있었다.

*** Act Up. 1987년 3월 뉴욕에서 결성된 HIV/AIDS 운동 단체로 정식 명칭은 '힘을 촉발하기 위한 에이즈 연합'(AIDS Coalition to Unleash Power)이다.

▲ 그랑 퓨리, 〈키스한다고 죽지 않아요〉(1989) 액트업은 HIV/AIDS 감염자뿐만 아니라 LGBT의 인권을 위해 활동하는 여러 독립적인 위원회들로 구성됐는데, 그 중 하나가 '그랑 퓨리'(Gran Fury)이다. 11명의 활동가·시각예술가들로 이뤄진 이 집단은 초기 에이즈 운동의 '선전부'로 불리며 여러 시각화 작업을 통해 HIV/AIDS에 대한 공적 관심을 환기시켰다. 위 포스터는 HIV/AIDS 문제의 해결이 아니라 이윤 추구에만 골몰하는 제약 회사들의 '탐욕'과 별다른 대책 정책이 없는 정부의 '무관심'을 비판하고 있다.

인 〈키스한다고 죽지 않아요〉(1989)라는 포스터는 베네통 광고처럼 보이게 만들어져 버스들에 부착됐습니다. 포스터에는 세 쌍의 사람들, 즉 각기 다른 인종으로 구성된 이성애자 한 쌍, 레즈비언 한 쌍, 게이 한 쌍이 묘사되어 있고, 이런 내용이 담겨 있었지요. "키스한다고 죽지 않아요. 탐욕과 무관심이 죽입니다." 최근 들어 우리는 신자유주의적 헤게모니에 대항하는 정치적 투쟁에서 미디어를 창의적으로 사용하는 더 많은 예를 발견할 수 있습니다. 특히 흥미로운 예로 예스맨과 그들의 '신원 교정' 전략을 들 수 있지요. 이것은 국제 기구나 다국적 기업의 정책에 숨겨진 어두운 면을 드러내 보여주기 위해 그 관계자로 사칭하는 전략입니다. 이처럼 미디어의 힘을 인정하면

그 힘을 전용할 수 있는 많은 가능성을 또한 깨닫게 됩니다. 좌파에게 필요한 것은 미디어를 경합적 대결의 지형으로 변환시키기 위해 더 풍부한 상상력을 가지고 미디어를 사용하는 것입니다.

바그너 최근의 실천적 정치 운동들을 생각할 때, 당신의 작업을 고무시키는 것은 무엇인가요? 정치적인 것이라는 당신의 개념에 흥미로운 주제나 운동은 무엇인가요?

무페 오늘날 좌파에게 가장 긴급한 투쟁은 신자유주의의 대안을 구상하는 것입니다. 전 세계의 많은 활동가들과 이론가들이 그런 임무에 참여하고 있으며, 라틴아메리카 같은 몇몇 곳에서는 그 방향으로 큰 진전이 이뤄지고 있습니다. 저는 그런 전 지구적 차원의 투쟁, 긴밀한 연계와 연대 형태의 필요성을 인정하면서도, 각기 다른 지역적 맥락에 따라 문제들이 다르게 제기되고 다뤄질 필요가 있다고 확신합니다. 기후 변화와 환경 관련 문제처럼, 몇몇 문제는 전 지구적 수준에서 다뤄질 수밖에 없다는 점을 부정하는 것이 아닙니다. 하지만 전 지구적 차원만을 고집하면서 다양한 삶의 형태가 존재함을 부정하는 것은 잘못이라고 생각합니다. 여기서 다시 한 번 저는 슈미트의 말에 동의합니다. 세계는 보편적 단일체가 아니라 다원체입니다.* 저는 유일하게 정당한 보편적 대답을 제공해줄 하나의 단일한 민주주의 형태가 존재한다고 믿지 않습니다. 각기 다른 맥락에 따라 민주주의의 이상을 실행할 수 있는 많은 방법이 있습니다. 유럽에 사는 우리의 출발점과 세계 다른 지역에 사는 사람들의 출발점이 똑같을 수는 없지요. 전 지구적 해법을 제안하는 척하는 것이 아니라 각자의 사회가 직면한 문제들을 고심해야 우리는 민주주의를 위한 보편적 투쟁에 기여할 수 있습니다. 오늘날의 유럽에서 우리의 급선무는 좌/우의 대결을 되살리고, 경합적 민주주의를 위한 조건을 창출하는 것이어야 합니다. 이것이야말로 유럽적 수준에서 유일하게 할 수 있는 일이라고 확신합니다. 바로 그렇기 때문에 [유럽의] 좌파 정치의 핵심에는 유럽적 차원이 있어야만 하는 것이지요. 유럽의 상이한 좌

* Carl Schmitt, *Der Begriff des Politischen*, München/Leipzig: Duncker & Humblot, 1932, p.41. [김효전·정태호 옮김, 『정치적인 것의 개념』, 살림, 2012, 71쪽.] 슈미트의 원문("Die politische Welt ist ein Pluriversum, kein Universum")에는 '세계'가 아니라 '정치적 세계'라 적혀 있다. 슈미트의 이 말에서 우리는 그 특유의 '국가 이론,' 즉 일국적 측면에서 '정치적 통일체로서의 국가'와 국제적 측면에서 '정치적 다원체로서의 국가들'을 살펴 볼 수 있다. 슈미트가 보기에 우리가 사는 '세계'는 '정치적 통일체'인 다수의 국가(들)로 이뤄진 '다원체'이다. 적과 동지의 구별(현실적으로 가능한 적과의 갈등과 대결)에서 하나의 정치적 통일체인 국가는 또 다른 정치적 통일체, 즉 다수 국가들의 존재를 전제한다. 이런 의미에서 슈미트는 전 지구(혹은 전 인류)를 포괄하는 세계 국가의 현실성을 부인하며, "정치적 세계는 다원체이지 보편적 단일체가 아니다"라고 주장한다.

과 집단들은 신자유주의 정책의 대안을 제공하고 상이한 사회적 모델을 제시할 수 있는 강력한 정치적 유럽을 함께 창출하기 위해 긴밀한 협약을 수립해야 합니다. 오늘날 우리가 직면한 많은 문제는 소련의 붕괴 이후 우리가 일극적 세계 속에서 살아오고 있다는 사실에서 비롯된 겁니다. 무소불위의 헤게모니를 가진 미국은 '문명의 적'이라는 모델에 반대하는 모든 사람을 비난하면서, 자신의 이 모델을 전 세계에 강요하려 힘쓰고 있지요. 『정치적인 것에 대하여』(2005)에서 제가 논의한 바 있듯이, 바로 이런 미국의 헤게모니에 저항할 수 있는 정당한 경로의 부재가 설명해주는 바는 최근 우리가 목격 중인 폭력적 반응 형태의 증가입니다.[4] 우리가 처한 난국의 해결책이, 제가 반정치적 환상이라고 보는 범세계주의적 민주주의를 설립하는 데 있다고 주장하는 사람들과 달리, 저는 다극적 세계의 발전이 필요하다고 확신합니다. 바로 이런 이유에서 유럽이 정치적 유럽, 즉 중국과 인도 같은 다른 신흥 지역 축들과 더불어 실질적인 역할을 할 수 있는 지역 축이 되는 것이 대단히 중요합니다. 유럽이 미국에 대해 독립적으로 행동하고 여러 분야에서 지도력을 제시해야 한다는 실재적 요구가 전 세계에 존재합니다. 지금은 좌파가 유럽을 더 이상 신자유주의의 트로이의 목마로만 보지 말고, 좌파의 유럽 기획을 정교화하는 작업을 시작할 절호의 기회입니다.

바그너 감사합니다.

---

4) Chantal Mouffe, *On the Political*, London: Routledge, 2005.

찾아보기

ㅅ

ㅇ

ㅊ

ㅋ

ㅌ

ㅍ

ㅎ

곧 나올 '사상가들' 총서

ORRORISMO
OVVERO DELLA VIOLENZA
SULL'INERME

호러리즘: 혹은 무방비한 사람들을 향한 폭력에 대하여

인간의 조건 자체를 훼손하는 것이 목적이기 때문에 살해의 단순한 잔혹성을 넘어서는 범죄들이 있다. 동시대를 특징짓는 이 특수한 폭력, 즉 '호러리즘'을 분석한 문제작.

아드리아나 카바레로 지음 | 김동규 옮김

CROWD AND PARTY

중과 당

리는 개인들 말고, 다중들 말고, 정치의 집합적 주체를 근본적으로 다시 사유할 필요가 있다.
치적 실천에 새로운 활기를 불어넣어줄 새로운 형태의 당 건설을 향한 제언.

디 딘 지음 | 이재원 옮김

표지 이미지
Doris Salcedo(1958~), *Shibboleth*, installation, 2007, Tate Modern, London.

경합들 갈등과 적대의 세계를 정치적으로 사유하기

초판 1쇄 인쇄 | 2020년 4월 20일
초판 1쇄 발행 | 2020년 4월 27일

지은이 | 샹탈 무페
옮긴이 | 서정연
편 집 | 안태진
펴낸곳 | 도서출판 난장·등록번호 제307-2007-34호
펴낸이 | 이재원
주 소 | (04380) 서울시 용산구 이촌로 105 이촌빌딩 401호
연락처 | (전화) 02-334-7485 (팩스) 02-334-7486
블로그 | blog.naver.com/virilio73
이메일 | nanjang07@naver.com

책값은 뒤표지에 있습니다.
잘못 만들어진 책은 구입한 서점에서 바꿔드립니다.
ISBN 978-89-94769-23-3 03340

이 도서의 국립중앙도서관 출판예정도서목록(CIP)은
서지정보유통지원시스템 홈페이지(http://seoji.nl.go.kr)와
국가자료종합목록 구축시스템(http://kolis-net.nl.go.kr)에서
이용하실 수 있습니다(CIP제어번호: CIP2020005999).